카스트루초
카스트라카니의 생애

LIFE OF CASTRUCCIO CASTRACANI

마키아벨리────

카스트루초 카스트라카니의 생애

──── 김상근 교수 해제

니콜로 마키아벨리 지음 | 우현주 옮김 | 김상근 해제

살림

일러두기

1. 이 책의 번역 텍스트는 Niccolō Machiavelli, 『La vita di Castruccio Castracani da Lucca』이다.

2. 국립국어원의 외래어 표기법을 준수했으나, 일부 단어는 일상에서 통용되어 굳어진 사례를 적용하였다.

3. 마키아벨리의 글에서 비르투(virtù)는 이탈리아식 표기이고, 김상근 교수의 해제에서 쓰인 비르투스(virtus)는 라틴어식 표기이다. 각 텍스트의 성격을 고려하여 두 가지 표기를 이 책에서 병행하였다.

4. 라틴어 비르투스(virtus)에서 유래된 말인 비르투(virtù)는 고전적으로 덕성(德性)을 의미하는 말로 이해되어 왔다. 그러나 마키아벨리의 해석을 거치면서 이 단어는 고전적 정의를 넘어서게 되었고, 각 나라의 군주나 전쟁을 지휘하는 사령관의 기량, 용기, 지도력을 포함한 그들의 능력을 광범위하게 아우르는 말로 사용되었다. 포르투나(fortuna)는 고전적으로 운(運), 혹은 운명의 변덕스럽고 예측 불가능한 속성을 의미한다. 마키아벨리는 이 포르투나의 강력한 힘에 주목했고, 『군주론』과 『카스트루초 카스트라카니의 생애』에서 포르투나와 비르투의 상관관계를 면밀하게 탐구했다. 이에 본서에서는 이러한 함축적인 의미를 가진 두 단어를 단순화하거나 왜곡하지 않기 위해 원어 발음을 살려 '비르투'와 '포르투나'로 옮겨 적었다.

I

카스트루초 카스트라카니의 생애
─니콜로 마키아벨리

II

해제
『카스트루초 카스트라카니의 생애』에 나타난 마키아벨리의 시대와 사상
─김상근

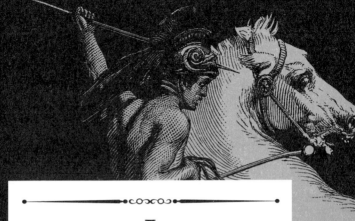

I

카스트루초
카스트라카니의 생애
Life of Castruccio Castracani

니콜로 마키아벨리

니콜로 마키아벨리가
그의 친구들에게 보낸 편지

친애하는 자노비(Zanobi)와 루이지(Luigi)!

이 세상에서 위대한 공적을 세웠을 뿐만 아니라 동시대인들 가운데서도 훨씬 뛰어난 기량을 가지고 있던 모든 사람들이, 혹은 그들 중 대부분이 비천하고 불명확한 출신 성분을 가졌거나 포르투나(fortuna)에 의해 매우 터무니없는 방법으로 고통을 받았다는 것은 이를 깊이 생각하고 있던 사람들에게는 참으로 놀라운 일로 여겨지는 것 같습니다. 그들은 대부분 맹수에게 노출되어 있었거나 그들이 부끄럽게 여기는 미천한 혈통을 타고났기 때문에 그들 스스로를 제우스(Giove)나 또 다른 신(Dio)의 아들로 일컫곤 했지요. 그들의 이름은 모두에게 잘 알려져 있으므로 여기에서 다시 언급하는 것은 번거로운 일을 반복하는 것일뿐더러 읽는 이에게도 불필요하고 달갑지 않은 일이 될 것이기에 그런 이름을 나열하는 것은 생략하겠습니다.

나는 포르투나가 자신의 존재를, 즉 위대한 사람들을 만들어 낸 존재는 지혜(prudenza)가 아닌 바로 포르투나 자신임을 세상에 드러내길 원했기 때문에 이 모든 일이 생겨났다고 믿습니다. 뿐만 아니라 지혜가 그 사람들의 삶에서 단 한 자리도 차지하지 못하는 순간이 왔을 때, 비로소 포르투나가 그 힘을 드러내기 시작하므로 오히려 모든 것은 포르투나에 의해 판가름 난다는 것 또한 믿고 있지요.

카스트루초 카스트라카니(Castruccio Castracani)는 이러한 인물들 중 한 사람이었습니다. 카스트루초는 그가 살았던 시대나 그가 태어난 도시와 관련하여 눈에 띄는 업적들을 남겼지만, 그의 탄생은 다른 이들과 마찬가지로 딱히 행복하지도 않았고 눈에 띄지도 않았습니다. 이에 관해서는 앞으로 그의 삶의 여정에 대한 이야기를 다루면서 자세히 듣게 될 것입니다.

나는 카스트루초의 생애를 다시 생각해 볼 가치가 있는 것이라고 여겼습니다. 왜냐하면, 그의 삶 속에서 비르투(virtù)와 포르투나에 관한 훌륭한 본보기들을 발견할 수 있다고 생각했기 때문이지요. 그리하여 내가 알고 있는 사람들 중 다른 어떤 이들보다도 덕행 안에서 기쁨을 찾는 사람들인 당신들에게 이 편지를 보내기로 생각한 것입니다.

위대하고 영광스러운 이름, 카스트루초

카스트라카니(Castracani) 가문은 루카(Lucca)의 귀족 가문들 사이에 속해 있었으나, 세월이 흘러감에 따라 지금은 쇠락한 가문이 되었지요. 이 가문에 안토니오(Antonio)라는 아들이 태어났습니다. 그는 후에 수도자가 되어 루카의 성 미카엘 성당(San Michele)의 사제로 있던 사람이었는데, 영예의 표시로 안토니오 경(卿, messer)이라고 불렸습니다. 그에게는 누이 1명을 제외하면 다른 형제자매들은 없었습니다. 그리고 그 누이는 이미 부오나코르소 첸나미(Buonaccorso Cennami)와 혼인을 한 상태였지요. 그러나 부오나코르소가 세상을 떠나자 미망인으로 남게 된 그녀는 재혼하지 않기로 마음을 먹고, 오라비인 안토니오 경과 함께 지내고 있었습니다.

안토니오 경은 그가 살고 있던 집 뒤편에 포도원 하나를 가지고 있었습니다. 그 포도원의 사방에 경계를 이루고 있었던 것은 여러 종류의 채소밭이었습니다. 그래서 누구나 별 어려움 없이 그곳을 드나들 수 있었지요.

그 일이 일어난 것은 어느 날 아침, 그러니까 태양이 막 떠오른 시간이었습니다. 안토니오 경의 누이인 디아노라 (Dianora) 부인은 여성들의 품행에 맞게 몇 가지 조미료를 만들기 위해 갖은 채소를 수확하면서 포도원 사이를 거닐고 있었습니다. 그때, 한 포도나무 아래에서 잎사귀들이 바스락거리는 소리가 들렸습니다. 이에 디아노라 부인이 그쪽을 향해 눈길을 돌리자, 아이의 울음소리 같은 것이 들려왔지요. 소리가 나는 쪽을 자세히 살펴보던 부인은 나뭇잎에 싸여 있는 어린 남자아이의 손과 얼굴을 발견했습니다. 그 아이는 마치 그녀에게 도움을 청하고 있는 것 같았지요. 디아노라 부인은 무척 놀라고 당황했지만, 연민과 경탄으로 가득 차 자신의 품에 아이를 안아 들었습니다. 그리고 집으로 데려와 깨끗이 씻겨서 그 당시의 관습대로 새하얀 강보에 아이를 감싸 주었지요.

얼마 후, 안토니오 경이 집에 돌아오자 디아노라 부인은 그에게 아이를 보여 주었습니다. 누이의 이야기를 들으면서 그 소년을 바라보던 안토니오 경은 디아노라 부인이 느꼈던 것 못지않은 놀라움과 연민을 느꼈습니다. 그래서 그들이 할 수 있는 것이 무엇인지 서로 상의한 끝에, 결국 그 아이를 기르기로 결정했지요. 안토니오 경은 사제였고, 디아노라 부인은 자식이 없었기 때문이었습니다.

그리하여 그들은 집에 유모를 들여 그 아이를 보살피게 했고, 친자식처럼 아끼며 무한한 사랑으로 길렀습니다. 그리고 그 아이에게 그들의 아버지 카스트루초(Castruccio)의 이름을 주기 위해 세례를 받게 했지요.

용맹함을 사랑한 아이

카스트루초는 해마다 더욱더 기품 있게 성장해 갔습니다. 그리고 모든 면에서 재능과 지혜로움을 나타냈지요. 뿐만 아니라, 안토니오 경이 그의 나이 대에 맞게 가르쳐 주는 것들을 빠르게 배워 나갔습니다. 안토니오 경은 카스트루초를 사제로 키워서, 때가 되면 그가 가진 참사회원직(calonacato)과 성직록(benefizii)들을 물려줄 생각이었습니다. 그래서 이와 같은 의도로 그를 교육했지요. 그러나 안토니오 경은 카스트루초의 성향이 사제직을 수행하기에는 그다지 적합하지 않다는 것을 깨닫게 되었습니다. 카스트루초가 열네 살이 되자, 안토니오 경의 나무람에도 그다지 마음을 쓰지 않았으며, 디아노라 부인을 전혀 무서워하지 않게 되었기 때문이지요.

이제 카스트루초는 교회 관련 서적을 읽는 것은 제쳐 두고, 무기에 관한 것들을 섭렵하기 시작했습니다. 그 아이는 무기를 다루는 것 외에 다른 어떤 것에도 재미를 느끼지 않았지요. 뿐만 아니라, 또래 아이들과 모여 군대가 훈련하듯이 달리기를 하고 높이뛰기를 하며 몸싸움을 벌이는 놀이를 즐겨 했습니다. 카스트루초는 이 모든 활동에서 강인한 정신과 신체적 능력을 보여 주었습니다. 그리고 이러한 활동을 통해 그 나이 또래의 아이들보다 훨씬 뛰어났음을 증명했지요.

또한, 어쩌다 그가 책을 집어 들고 읽을 때는 전쟁에 관련된 것이거나 용맹한 남성들이 행했던 위업에 관한 것일뿐, 다른 주제의 책들은 좋아하지 않았습니다. 이 모든 것이 안토니오 경에게는 헤아릴 수 없는 고통과 걱정거리를 가져다 주었지요.

그 당시 루카에는 귀니지(Guinigi) 가문 출신의 한 신사가 살고 있었습니다. 그 신사는 프란체스코(Francesco) 경이라고 불렸지요. 프란체스코 경은 그가 가진 재산은 물론, 자비로움과 비르투에 있어서도 루카의 다른 모든 이들에 비해 독보적인 위치를 차지하고 있었습니다. 그는 주로 전쟁에 관련된 일을 담당했으므로, 오랫동안 밀라노(Milano)의 비스콘티(Visconti) 가문 밑에서 군인으로 복무했지요. 프란체스코 경은 기벨리니 당원(Ghibellino)이었기 때문에, 특히 루카에 있는 기벨리니 당원들이 그를 따르고 존경했습니다.

그는 루카에 머물면서 아침저녁으로 루카의 중앙 광장인 성 미카엘 광장(La Piazza di San Michele)의 가장 위쪽에 위치한 도시장관(podestà)의 발코니 아래로 시민들을 불러 모으곤 했습니다. 그래서 프란체스코 경은 거리에 있는 소년들과 함께 위에서 언급한 그 훈련 같은 놀이를 하고 있던 카스트루초를 여러 번 보게 되었지요. 그 모습을 지켜 본 그는 카스트루초가 다른 소년들에 비해 훨씬 뛰어날 뿐만 아니라, 그들 사이에서는 왕과 같은 권위를 가지고 있다는 것을 알게 되었습니다. 그리고 어느 면에서 보나, 그들 모두가 카스트루 초를 사랑하며 따르고 있다는 것 또한 알 수 있었지요. 프란 체스코 경은 그 소년이 누구인지 무척 알고 싶어 했습니다. 그래서 주변 사람들이 그 소년에 대한 이야기를 전해 주었 고, 그에 대한 이야기를 들은 프란체스코 경은 카스트루초 를 자신의 곁에 가까이 두고 싶다는 생각을 더욱더 강렬하 게 했습니다.

그러던 어느 날, 프란체스코 경은 카스트루초를 불렀습 니다. 그리고 그가 정말 살고 싶은 곳이 어디인지를 물었지 요. 즉, 말 타는 것과 무기 다루는 법을 가르쳐 줄 어느 신사 의 집에서 살고 싶은지, 아니면 성무 일과나 미사에 관련된 것 말고 다른 것은 들어 본 적도 없는 어느 사제의 집에서 살 고 싶은지를 말입니다. 프란체스코 경은, 그가 말과 무기에 대한 이야기를 할 때 카스트루초가 얼마나 기뻐했는지 눈치 채고 있었습니다. 그러나 그 소년이 머뭇거리자, 프란체스 코 경은 그가 편하게 말할 수 있도록 용기를 북돋워 주었습 니다.

그러자 카스트루초가 대답했습니다. 안토니오 경만 허락한다면, 사제 수업을 그만두고 군인이 되기 위한 훈련을 받는 것보다 더 좋은 일은 없을 것이라고 말이지요. 프란체스코 경은 이 대답이 매우 마음에 들었기 때문에, 며칠 후 안토니오 경에게 카스트루초의 입양을 요청했습니다. 그리고 어렵사리 허락을 받아 냈습니다. 이는 안토니오 경 자신이 그렇게 오랜 시간 카스트루초를 보살필 수는 없을 것이라고 판단했기 때문이기도 하지만, 무엇보다도 그 소년의 천성이 그렇게 하도록 이끌었던 것입니다.

그리하여 카스트루초는 성직자 안토니오 카스트라카니 경의 집에서 나와, 용병 대장 귀니지 프란체스코의 집에서 살게 되었습니다. 그 후 짧은 시간 동안 그가 온갖 능력과 진정한 신사로서 갖추어야 할 자질들을 완전히 보여 주었다는 것을 생각해 보면, 이는 정말 놀라운 일이었습니다.

처음에 카스트루초는 뛰어난 기수(騎手)가 될 수 있었습니다. 왜냐하면 매우 광폭한 말들도 최고의 수완으로 다루었기 때문이지요. 또한 그는 아직 어린 사내아이였음에도 불구하고 군인들의 시합인 조스트라(giostra)와 토르니아멘토 (torniamento)에서 그 누구보다 눈에 띄는 실력을 보여 주었습니다. 그가 했던 활동들을 통틀어, 힘이나 기술적인 면에 있어서도, 그를 능가하는 사람을 찾아볼 수 없을 정도였습니다. 더군다나 그는 이렇게 뛰어난 기량에 더하여 더없이 겸손한 태도를 보여 주었지요. 그 누구도 그가 불쾌함을 유발할 수 있는 행동을 하는 것을 보거나, 그런 종류의 말을 내뱉는 것을 들어 본 적이 없었습니다. 또한 그는, 연장자들에게는 경의를 표했으며, 또래들과 함께 있을 때는 겸손했고, 손아랫사람에게도 정중히 대했습니다. 그의 이러한 행동들은 귀니지 가의 사람들뿐만 아니라 루카의 모든 시민들이 그를 사랑할 수밖에 없도록 만들었지요.

높아지는 명성

카스트루초가 열여덟 살이 되던 해에, 파비아(Pavia)의 기벨리니당(Ghibellini)이 구엘프당(Guelfi)에게 공격을 당하는 사건이 발생했습니다. 그래서 밀라노의 비스콘티 가문은 그들을 지원하기 위해 프란체스코 귀니지 경을 파비아로 파견했습니다.

카스트루초는 프란체스코 경과 함께 출정하게 되었습니다. 동시에 그에게 중대 전체가 맡겨졌지요. 이 원정에서 카스트루초는 그의 분별과 용기를 증명할 많은 업적을 남겼고, 이 위업과 관련된 사람들 중 그 누구도 카스트루초가 했던 것과 같은 능력을 보여 주지 못했습니다. 그리하여 카스트루초의 이름은 파비아에서 뿐만 아니라, 온 롬바르디아 (Lombardia) 지역을 아울러, 위대하고 영광스럽게 되었지요.

그래서 카스트루초가 루카로 돌아왔을 때는 그가 떠나기 전보다 훨씬 더 큰 존경을 받게 되었습니다. 이에 카스트루초는 사람들을 그의 편으로 끌어들이기 위해 필요한 모든 수단을 동원했습니다. 할 수 있는 한 지지자들을 많이 만들기 위해 노력했지요. 그러나 이때, 프란체스코 귀니지 경이 세상을 떠나게 되었습니다. 그에게는 파골로(Pagolo)라는 열세 살 된 아들이 있었지요. 프란체스코 경은 카스트루초를 그의 아들의 후견인이자 재산 관리인으로 임명했습니다. 이는 프란체스코 경이 숨을 거두기 전, 카스트루초를 불러 그가 보살핌 받았던 것과 같은 마음으로 그의 아들을 보살펴 줄 것을 청하였기 때문에 성사된 일이었습니다. 결국 카스트루초는 프란체스코 경에게 보답할 수 없었던 감사한 마음을 그의 아들인 파골로에게 보여 주었지요.

프란체스코 귀니지 경이 죽자, 카스트루초는 파골로의 재산 관리인이자 후견인이 되었으며, 그의 명성도 더욱 높아지게 되었습니다. 그러나 루카에서 보여 주었던 이러한 호의는 그를 시기하는 마음을 가진 사람들로 인해 변질되기 시작했습니다. 많은 사람들이 그를 수상한 사람, 또는 포악한 마음을 가진 사람이라고 비방했지요. 이러한 말을 하는 사람들 중 선두에 있던 사람은 구엘프당의 의장이었던 조르조 델리 오피치(Giorgio degli Opizi) 경이었습니다. 그는 프란체스코 경이 죽었기 때문에 이제 자신이 루카에서 군주(principe)에 필적할 만한 중요한 인물이 될 수 있을 것이라고 생각했습니다.

그러나 그 자리는 자신이 아닌 카스트루초가 차지한 것처럼 보였지요. 그동안 카스트루초가 그의 신분 덕분에 루카에서 지배적인 위치를 차지함으로써, 그에게 올 수 있었던 기회를 박탈해 버렸다고 생각했기 때문입니다. 조르조 경은 바로 이러한 이유로 카스트루초의 신용을 손상시키는 유언비어들을 유포시켰습니다. 처음에 카스트루초는 이 사건에 대해서 경멸감만을 가지고 대했으나, 얼마 지나지 않아

한 가지 의심이 더해졌습니다. 왜냐하면 카스트루초가 나폴리(Napoli)의 로베르토(Roberto) 왕 대리자(vicario)의 눈 밖에 나서 추방당할 때까지, 조르조 경이 가만히 참고 있을 사람이 아니라고 생각했기 때문이지요.

그 당시, 피사(Pisa)의 영주(signore)는 우구치오네 델라 파주올라 다레초(Uguccione della Faggiuola d'Arezzo)였습니다. 그는 처음에 피사 시민들에 의해 행정관(capitano)으로 선출되었다가, 후에 본인 스스로 영주가 되었지요. 우구치오네의 주변에는 루카 출신의 기벨리니당 정치 망명자들이 몇 있었습니다. 그래서 카스트루초는 우구치오네와 협력하여 그들을 복직시키기 위해 계속해서 그들과 접촉하고 있었지요. 그리고 오피치의 권력을 견딜 수 없어 하던 루카 내에 있는 측근들에게도 그의 계획을 전달했습니다. 이런 식으로 그들이 해야 할 일들을 지시한 카스트루초는 신중을 기해 토레 델리 오네스티(La Torre degli Onesti) 마을을 요새화했습니다. 그리고 포위 공격을 당할 경우에 그곳에서 수일간 버틸 수 있도록 군수품과 다량의 보급 물자를 채워 넣었지요.

그들이 합동 작전을 펼치기로 계획한 날 밤에 우구치오네는 많은 병력을 이끌고 산악 지대와 루카 사이의 평원에 내려가 있었습니다. 그리고 카스트루초에게서 작전을 개시하라는 신호를 받고는 루카의 성 베드로(San Pietro) 성문을 향해 진군하여 성채 외벽에 불을 질렀지요. 한편 카스트루초는 커다란 함성을 내지르며 병사를 일으켜 도시 내부에서 성문을 쳐부줬습니다. 그러자 우구치오네와 그의 병사들이 도시 안으로 돌진해 들어갔습니다.

결국 그들은 조르조 경은 물론이거니와 그의 가문 사람들과 측근들 그리고 그의 당원들까지 모두 몰살했습니다. 그 도시의 총독(governatore) 또한 몰아냈습니다. 그리하여 도시의 통치 체제는 우구치오네가 원하는 대로 재조직되었습니다. 그 당시 100여 가문 이상이 루카에서 추방되었기 때문에 이로 인해 막대한 손실을 초래하기도 했지요. 도망간 이들 중 일부는 피렌체(Firenze)로, 또 다른 일부는 피스토이아(Pistoia)로 몸을 피했습니다. 피렌체와 피스토이아는 구엘프당이 다스리고 있었는데, 그들은 이 사건으로 인해 우구치오네와 루카 시민들에게 적개심을 품게 되었습니다.

한편, 피렌체인들과 다른 구엘프 당원들은 기벨리니당이 토스카나(Toscana)에서 너무 많은 권력을 가지고 있다고 여겼기에, 루카 출신의 구엘프당 정치 망명자들을 그들의 위치로 복귀시키기로 의견을 모았습니다. 그들은 큰 군대를 조직한 후, 니에볼레(Nievole) 계곡으로 진군하여 몬테카티니(Montecatini)를 점령했습니다. 그리고 루카를 자유롭게 드나들기 위한 관문인 몬테카를로(Montecarlo)를 포위 공격했지요. 이에 우구치오네는 피사와 루카 출신 병사들을 대량으로 소집했으며, 롬바르디아에서 차출해 온 많은 수의 독일 기병대까지 합세 시켰습니다. 그러고 나서 그는 피렌체인들의 진영에 맞서 행군했지요. 적들이 진군해 온다는 소식을 들은 피렌체군은 몬테카를로를 떠나 몬테카티니와 페차(Pescia) 사이에 주둔했습니다. 반면 우구치오네는 적들의 진영에서 2마일 정도 떨어진 몬테카를로 근처에 진을 쳤지요.

그곳에서 며칠 동안은 기병과 보병 간에 몇몇 소규모 접전이 있었습니다. 그리고 피사와 루카의 병사들은 우구치오네가 병에 걸렸다는 이유로 적들과의 총력전을 미루고 있었지요.

그러나 병세가 점점 악화된 우구치오네는 치료를 위해 몬테카를로로 퇴거하게 되었습니다. 그러면서 카스트루초에게 군대의 지휘권을 넘겨주었지요. 피렌체군은 그들의 적이 우두머리 없이 남아 있는 상태라고 생각했기 때문에, 더욱더 용기가 솟구쳤습니다.

카스트루초는 이 사실을 눈치 채고는 그들의 생각이 확고해지도록 며칠을 기다렸습니다. 그리고 피렌체 병사들을 두려워하는 척하기 위해 자신의 진영에서는 아무도 밖으로 나가지 못하게 했지요. 구엘프당 입장에서는 역시나 이것을 자신들을 두려워하는 것이라고 해석했고, 그럴수록 점점 더 자신만만한 생각을 가지게 되었습니다. 그래서 매일매일 전투 대형을 갖추고 카스트루초의 진영에 모습을 드러냈습니다.

그러나 이것이 바로 구엘프당의 붕괴 원인이 되었습니

다. 적들의 용감함 때문에 그들의 전술을 알게 된 카스트루초는 이제 그들과 총력전을 시작하기로 마음먹었습니다.

출격 전, 카스트루초는 자신의 병사들에게 그들의 사기를 충천시키는 연설을 하고, 그들이 그의 명령에 따를 준비가 되어 있다면, 승리는 확실히 그들의 것이 되리라는 것을 확신시켜 주었습니다.

카스트루초는 적군이 그들 전열의 중심에 가장 강한 병력을 배치하고, 측면에는 약한 병력을 배치한 것을 보았습니다. 그래서 그는 적들과 반대로 자신의 병력을 배치했지요. 즉, 전열의 측면에 가장 용맹한 병사들을 배치하고, 중앙에는 상대적으로 약한 병사들을 배치했던 것입니다. 그는 이러한 대형을 갖춰 진영에서 출격했습니다.

그러자 전과 마찬가지로 거만하게 구는 적의 군대가 그의 시야에 들어왔지요. 이에 카스트루초는 중앙 병력은 천천히 진격하고, 측면 병력은 신속하게 움직이라고 명령했습니다. 그렇게 적군과의 교전이 시작되었을 때, 카스트루초의 군대는 두 병력 중 양 측면에 배치된 병력만이 전투에 나서게 되었으므로, 중앙 병력은 그대로 남아 있게 되었습니다.

이처럼 카스트루초의 중앙 병력이 모두 전열의 뒤쪽에 많이 남아 있었기 때문에, 적군의 중앙 병력은 그들에게 접근할 수조차 없었습니다. 그리하여 카스트루초의 최정에 병사들과 적군의 최약체 병사들이 전투를 벌였지요.

결국 적군의 최정에 병력은 전면전에서 그들을 방어할 수 없었을 뿐만 아니라, 측면에서 싸우고 있는 전우들에게 어떤 도움도 주지 못했습니다.

이렇게 카스트루초의 군대는 적군의 측면 병력을 큰 어려움 없이 패주시켰습니다. 아직 중앙에 남아 있던 적의 병사들은 그들의 양 날개가 함락되는 것을 보면서도 그들의 용기를 보여 줄 어떤 기회도 가지지 못한 채 후퇴하고 말았지요.

이렇게 하여 적들은 카스트루초군에게 엄청난 학살을 당하며 완전히 패하고 말았습니다. 1만 명이 넘는 병사들과 수많은 지휘관들, 그리고 토스카나 지역 구엘프당 출신의 훌륭한 기사들, 뿐만 아니라 그들의 요청으로 참전했던 많은 귀족들, 즉 로베르토 왕의 형제인 피에로(Piero)와 그의 조카인 카를로(Carlo)를 비롯해 타란토(Taranto)의 영주였던 필립포(Filippo) 같은 이들이 목숨을 잃었습니다.

카스트루초의 손실 병력은 300명이 채 안 되는 것으로 집계되었으나, 전사자들 중에는 우구치오네의 아들 프란체스코가 포함되어 있었습니다. 그는 젊고 용맹스러웠으나 첫 번째 돌격에서 전사하고 말았지요.

이 궤멸은 카스트루초의 명성을 진정으로 위대하게 만들어 주었습니다. 그러나 그의 명성이 우구치오네에게는 질투를 불러일으켰을 뿐만 아니라, 그의 자리를 위협한다고 여기게 되었지요.

우구치오네는 이 승리가 그에게 절대적인 권력을 주는 것이 아니라, 오히려 그것을 빼앗아 갈 수 있다고 여겼습니다. 그래서 어떻게 하면 카스트루초를 제거할 수 있을지를 골몰하기 시작했습니다. 우구치오네는 생각을 계속 곱씹으면서, 자신의 계획을 실행할 적절한 기회를 노리고 있었습니다.

군주가 되기로 결심한 카스트루초

결국, 사건은 피에르 아뇰로 미켈리(Pier Agnolo Micheli)라는 사람이 루카에서 살해당하면서 발생했습니다. 그는 많은 사람들로부터 존경을 받았으며, 유능했던 사람이었지요. 그런데 그 남자를 살해한 이가 카스트루초의 집으로 몸을 피했습니다. 그래서 행정관(capitano)의 경비병들(sergenti)은 그를 잡기 위해 카스트루초의 집으로 갔지요.

그러나 카스트루초가 그들을 쫓아 버렸고, 결국 그 살인자는 카스트루초의 도움으로 탈주하게 되었습니다. 그 당시 피사에 머물고 있었던 우구치오네는 이 사건에 대해 전해 듣고는 이제 카스트루초를 처리할 정당한 이유가 생겼다고 생각했습니다. 그래서 이전에 루카에 대한 통치권을 위임해 주었던 그의 아들 네리(Neri)를 불러, 카스트루초를 연회에 초대하라고 지시했습니다. 그곳으로 카스트루초를 유인한 후, 그를 붙잡아 죽일 계획이었지요.

이에 카스트루초는 그 어떤 위험도 감지하지 못하고 편안한 마음으로 영주의 저택으로 갔습니다. 네리는 먼저 만찬 자리에 있는 그를 체포하고, 곧바로 감옥에 가두어 버렸지요. 그러나 그는 어떤 정당한 법적 절차를 거치지 않고 카스트루초를 죽일 경우, 시민들이 폭동을 일으킬 것이 염려되었습니다. 그래서 우구치오네가 그를 어떻게 처리하고자 하는지 의중을 파악하는 동안, 카스트루초를 살려 두었지요. 우구치오네는 아들의 망설임과 비겁함을 비난하며, 그 문제를 종결짓기로 결심하고는 기병 400기를 이끌고 피사를 떠나 루카로 향했습니다.

그러나 그가 아직 반니(Bagni)에 채 다다르지도 못했을 때, 피사 시민들이 병사를 일으켜 우구치오네의 대리자와 피사에 남아 있던 그의 가문사람들을 모두 살해했습니다. 그리고 갓도 델라 게라르데스카(Gaddo della Gherardesca) 백작을 그들의 영주로 추대했지요. 우구치오네는 아직 루카에 닿기 전에 피사에서 일어난 반란에 대해 들었지만, 다시 피사로 돌아갈 수는 없다고 판단했습니다.

한편, 피사에서 일어난 일을 전해들은 루카 시민들은 그들을 본보기로 삼아 우구치오네에 맞서 성문을 폐쇄했습니다. 뿐만 아니라, 우구치오네가 그들을 공격하러 루카로 왔음에도 불구하고, 오히려 이를 카스트루초를 해방시킬 수 있는 기회라고 여겼지요. 처음에 그들은 무례한 말들을 내뱉으며 집단으로 광장에 몰려오기 시작했습니다.

그러나 이는 곧 폭동으로 바뀌었고, 카스트루초를 풀어 줄 것을 요구하며 군대를 일으켰지요. 이에 우구치오네는 사건이 더 악화되는 것을 두려워하여 카스트루초를 풀어 주었습니다. 감옥에서 풀려난 카스트루초는 곧바로 그의 측근들을 모았습니다. 그리고 시민들의 도움으로 우구치오네를 공격했지요. 이에 우구치오네는 더 이상 대책이 없다는 것을 깨닫고 그의 지원군과 함께 달아났습니다. 그리고 델라 스칼라(Della Scala) 가에 몸을 피하기 위해 롬바르디아로 갔지요. 그러나 그는 결국 그곳에서 초라하게 숨을 거두었습니다.

이런 일이 있은 후, 포로의 신분에서 벗어난 카스트루초는 사실상 루카의 영주와도 같은 지위를 얻게 되었습니다. 그리하여 그의 측근과 시민들의 새로운 지지를 기반으로, 그들의 군대에서 지휘관(capitano)으로 1년간 복무했지요. 이러한 지위를 얻게 된 카스트루초는 전쟁에서 명성을 얻기 위해, 우구치오네가 떠난 후에 반란을 일으켰던 많은 지역을 루카 사람들에게 되찾아 줄 계획을 세웠습니다.

그리하여 동맹을 맺었던 피사 사람들의 지원을 받아 사라차나(Sarazana)로 진군했습니다. 그리고 사라차나를 차지하기 위해 그 도시의 위쪽으로 성곽을 쌓았는데, 이 성곽은 후에 피렌체 시민들에 의해 요새화되었고, 오늘날에는 사르차넬로(sarzanello)라고 불리고 있지요. 카스트루초는 2개월에 걸쳐 그 도시를 함락했습니다. 또한, 이러한 명성에 더해

마싸(Massa)와 카라라(Carrara), 라벤차(Lavenza)를 정복했으며, 순식간에 루니지아나(Lunigiana) 전역을 점령해 나갔습니다. 또한 롬바르디아에서 루니지아나로 통하는 길목을 폐쇄하기 위해 폰트레몰리(Pontremoli)를 함락시키고, 그곳의 영주였던 아나스타시오 팔라비시니(Anastasio Palavisini) 경을 추방했습니다.

이러한 승리를 이끌고 루카로 돌아온 그는 온 시민들에게 환영을 받았습니다. 이제 카스트루초는 자신이 군주의 자리에 앉는 것을 미룰 수 없다고 생각했습니다. 그래서 그 당시 루카에서 큰 명성을 누리고 있던 파치노 달 포조(Pazzino dal Poggio), 푸치넬로 달 포르티코(Puccinello dal Portico), 프란체스코 보칸사키(Francesco Boccansacchi), 그리고 체코 귀니지(Cecco Cuinigi)를 자신의 편으로 만들었지요.

결국 카스트루초는 그들의 도움으로 루카의 영주(signore)가 되었으며, 그 후에 시민들의 엄숙한 결의에 따라 군주로 선출되었습니다.

그 당시, 로마인들의 왕 페데리코 디 바비에라(Federico di Baviera)가 황제관을 받기 위해 이탈리아(Italia)로 왔습니다. 카스트루초는 그와 친선 관계를 맺기 위해 기병 500기를 이끌고 갔습니다. 그리고 루카에는 파골로 귀니지를 그의 대리자로 남겨 두었지요. 카스트루초는 파골로의 아버지를 추모하여 그를 자신의 친아들처럼 대했습니다.

페데리코 왕은 카스트루초를 정중히 받아들였고, 그에게 많은 특권들을 주었으며, 그를 토스카나 지역의 황제 대리자로 내세웠지요. 피사 시민들은 갓도 델라 게라르데스카를 영주의 자리에서 몰아냈기 때문에, 그를 두려워하여 페데리코에게 도움을 청하였습니다. 이에 페데리코는 카스트루초를 피사의 영주로 앉혔고, 피사 시민들은 구엘프당, 특히 피렌체인들을 두려워했기 때문에 카스트루초를 받아들였습니다.

페데리코가 로마(Roma)에 총독(governatore)을 남기고 독일(Magna)로 돌아가자, 황제당을 따랐던 토스카나와 롬바르디아의 기벨리니 당원들은 모두 카스트루초에게 도움을 청했습니다. 그리고 그들이 카스트루초의 도움으로 조국에 돌아가게 된다면, 그들의 조국에 대한 통치권을 그에게 넘기기로 서약하였습니다. 이러한 사람들 중에는 마테오 구이디(Matteo Guidi), 나르도 스콜라리(Nardo Scolari), 라포 우베르티(Lapo Uberti), 제로초 나르디(Gerozzo Nardi), 그리고 피에로 부오나코르시(Piero Buonaccorsi)가 있었으며, 이들은 모두 피렌체에서 추방된 기벨리니 당원이었습니다. 그래서 그들의 지지와 더불어 자신의 힘으로 토스카나의 영주가 될 계획을 세운 카스트루초는 더 높은 명성을 얻기 위해 밀라노(Milano)의 군주 마테오 비스콘티(Matteo Visconti) 경과 동맹을 맺고 도시 전역과 그의 나라에 군대를 조직했습니다. 루카에는 5개의 성문이 있었기 때문에, 카스트루초는 도시 주변부를 5구역으로 나누어 무장시키고, 그들을 선두 병력과 군기 아래에 배치했습니다. 그 결과 카스트루초는 피사에서 오는 지원군들을 제외하고도 순식간에 2만의 병력을 모을 수 있었습니다.

카스트루초가 이들 병력과 연합군으로 무장되어 있던 반

면, 마태오 비스콘티 경은 피아첸차(Piacenza)의 구엘프당에게 공격을 당하는 일이 발생했습니다. 구엘프당은 피렌체인들과 로베르토 왕이 보낸 지원 병력의 도움으로 기벨리니당을 몰아냈습니다. 이에 마태오 경은 카스트루초에게 롬바르디아의 병사들이 카스트루초의 진영을 떠나 그들의 고향 땅을 지키도록 재소환되는 것을 원하지 않는다면 피렌체인들을 공격하라고 요구했지요. 그리하여 카스트루초는 대군을 이끌고 아르노계곡(valdarno)을 공격하였으며, 곧이어 푸체키오(Fucecchio)와 성 미니아토(San Miniato)를 점령했습니다. 이 공격으로 그 지역은 엄청난 피해를 입게 되었고, 피렌체인들은 그들의 군대를 회군시켜야 했습니다. 이들은 카스트루초가 어쩔 수 없이 루카로 귀환해야 할 일이 생기자, 겨우겨우 토스카나로 돌아갈 수 있었지요.

루카에는 포조(Poggio)라는 가문이 있었습니다. 이 가문은 카스트루초의 위상을 드높여 주었을 뿐만 아니라, 그를 군주로 세우는 데 조력했기 때문에 그 도시에서 지배적 위치를 차지하고 있었지요. 그러나 이 가문은 그들의 공적에 대해 충분히 보상받지 못했다고 여겼기 때문에, 반란을 일으켜서 카스트루초를 추방하려고 루카의 다른 가문들과 모의했습니다.

그들이 기회를 잡은 것은 어느 날 아침이었습니다. 무장한 그들은 카스트루초가 재판권을 유지하기 위해 세웠던 대리자를 살해했지요.

그리고 그들이 폭동을 일으키기 위해 시민들을 선동하려고 할 때, 그 가문에서 최고 연장자이자 평화를 사랑했던 스테파노 디 포조(Stefano di Poggio)라는 사람은 이 음모에 가담하길 원치 않았습니다. 그는 앞에 나서서, 그가 가진 권한으로 사람들에게 무기를 내려놓을 것을 종용했지요. 그리고 그들의 요구사항이 관철되도록 카스트루초와 그들 사이에 중재자로 나설 것을 약속했습니다. 그리하여 그들은 무기를 집어 들었을 때만큼 신중하게 생각하지도 않고, 그것을 도로 내려놓았지요.

루카에서 일어난 이 사건을 전해 들은 카스트루초는 때를 놓치지 않기 위해 그의 병력 중 일부를 데리고 루카로 향했습니다. 남아 있는 병력의 지휘관으로는 파골로 귀니지를 남겨 두었지요. 그러나 그의 예상과 달리, 그 소동이 이미 진압되어 있었습니다. 그러나 카스트루초는 그 도시의 모든 요충지에 무장된 부대원들을 배치시켰습니다.

반면 스테파노 디 포조는 카스트루초가 자신에게 신세를 갚아야 한다고 여겼지요. 그래서 그를 찾아가 자신을 위해서가 아니라(왜냐하면 그럴 필요가 없다고 판단했기 때문에), 그의 가문 사람들을 위해서 카스트루초에게 간청했습니다. 스테파노 디 포조는 그들의 젊음과 오랜 우정, 그리고 카스트루초가 그들 가문에 졌던 신세를 생각해서 지금까지 벌어졌던 많은 일들을 용서해 줄 것을 청하였습니다. 이에 카스트루초는 친절하게 응대하며, 자신이 사람들을 다치게 하지 않고 반란이 진압되었다는 것이 더 값진 일이라고 말했습니다. 그리고 스테파노가 편안한 마음을 가지도록 안심시켰지요.

카스트루초는 그의 관대함과 너그러움을 보여 줄 기회를 주신 하느님께 감사한다고 말하며, 폭동에 가담한 모든 사람들을 자신에게 데려오라고 스테파노를 부추겼습니다. 그리하여 스테파노와 카스트루초를 믿고, 그의 앞에 나온 이들은 모두, 스테파노와 함께 붙잡혀 죽임을 당했지요.

칼을 쥔 카스트루초

그러는 동안 피렌체인들은 성 미니아토(San Miniato)를 탈환했습니다. 그러나 카스트루초는 루카를 신임하지 않았기 때문에, 이 도시를 떠날 수 없었지요. 그래서 이 전쟁을 마무리 짓기로 결심하고는 피렌체인들과의 휴전 협정을 모색했습니다. 피렌체인들 역시 전쟁에 몹시 지쳐 있었고 더 이상의 희생을 원하지 않았기 때문에, 이 협정은 쉽게 받아들여졌습니다. 이렇게 맺어진 휴전 협정은 2년간 지속되었으며, 각 진영은 그들이 이미 점령한 지역들을 차지했습니다.

이렇게 전쟁에서 자유로워진 카스트루초는 더 이상 자신

이 위험한 상황에 처하지 않기 위해 먼저 사건을 일으켰습니다. 즉, 루카를 차지하려는 야심을 품을 만한 이들을 여러 구실과 변명을 들어 모두 제거했던 것이지요. 그들의 조국과 재산은 물론이거니와 그의 수중에 넣을 수만 있다면 그들의 목숨까지도 빼앗으며, 그 누구도 용서하지 않았습니다. 그리고 그들 중 단 한 사람도 믿을 수 없다는 것을 경험을 통해 알게 되었다고 피력했지요. 또한 그는 보안을 강화하기 위해 그가 추방하거나 죽였던 가문의 탑에서 나온 재료를 사용하여 루카에 요새를 만들었습니다.

카스트루초는 피렌체인들과의 정전 기간 동안 루카에서 그의 위치를 공고히 했습니다. 그는 전쟁을 벌이는 것 외에 다른 부분에서 그의 영향력을 증대시키는 것을 소홀히 하지 않았지요. 또한 그는 피스토이아를 차지하려는 원대한 열망을 가지고 있었습니다. 일단 그 도시를 점령하고 나면, 피렌체에 한 발을 들여놓는 것이라고 생각했기 때문이지요. 그는 산간 지역에 사는 모든 사람들과 친밀한 관계를 맺기 위하여 온갖 방법을 사용했으며, 피스토이아의 모든 세력가들이 그를 신뢰할 수 있도록 처신했습니다.

그 당시의 피스토이아는 비앙키(Bianchi)당과 네리(Neri)당으로 나뉘어 있었습니다. 비앙키당의 의장은 바스티아노 디 포센테(Bastiano di Possente)였고, 네리당의 의장은 야코포 다 지아(Iacopo da Gia)였지요. 그들은 모두 비밀리에 카스트루초와 연락을 주고받았으며, 상대당을 추방하고자 하는 욕망을 품고 있었습니다. 이렇게 서로에 대해 끊임없이 의심하던 이들은 결국 군대를 일으키게 되었지요.

야코포는 피오렌티나(Fiorentina) 성문에 주둔했고, 바스티아노는 루케제(Lucchese) 성문에 진을 쳤습니다. 그들은 모두 피렌체인들 보다 카스트루초를 더 신뢰했는데, 전쟁에 있어서는 카스트루초가 훨씬 뛰어나고 기민할 것이라고 판단했기 때문이지요. 그들은 카스트루초에게 도움을 받기 위해 비밀리에 사람을 보냈습니다. 그리하여 카스트루초는 그들에게 각각 서약을 해 주었습니다. 즉 야코포에게는 자신이 직접 나서겠다고 하고, 바스티아노에게는 그의 오른팔인 파골로 귀니지를 보내겠다고 했지요. 그리고 나서 그들에게 만날 때를 정해 주고는 파골로에게 폐차를 경유해서 오게 하고, 자신은 곧장 피스토이아로 향했습니다.

자정 무렵이 되어, 카스트루초와 파골로는 피스토이아에서 만나게 되었습니다. 피스토이아인들은 카스트루초와 파골로를 모두 아군으로 여겨 받아들였지요. 이렇게 도성 안으로 들어오게 된 카스트루초는 적절한 때를 보고는 파골로에게 공격 신호를 주었습니다. 이어서 카스트루초가 야코포 다 지아를 처리하자, 파골로가 바스티아노 디 포센테를 처리했지요. 또한 야코포와 바스티아노의 지원군들은 모두 포로로 잡히거나 살해당했습니다. 이에 카스트루초는 그 어떤 저항에도 부딪히지 않고 피스토이아를 손에 넣게 되었지요. 그리고 시뇨리아(Signoria)를 궁에서 몰아내었으며, 시민들에게는 그들의 오랜 부채와 헌납물을 면제하는 대가로 투항하게 했습니다. 도시 주변의 모든 영지에 대해서도 이와 같이 했지요. 그리하여 새로운 군주를 보러 온 많은 이들이 카스트루초의 미덕에 감명을 받아 희망으로 가득 찼으며, 마침내 이 소요는 진정되었습니다.

그 즈음, 로마의 시민들이 생활난으로 인해 폭동을 일으키는 사건이 발생했습니다. 이것은 아비뇽(Avignone)에 가 있던 교황의 부재가 원인이 되었으며, 매일같이 일어나는 살인이나 다른 소동들 때문에 독일 당국은 비난을 받았습니다. 그러나 황제의 대리자였던 엔리코(Enrico)는 이 일을 해결할 수 없었지요. 이에 엔리코는 로마인들이 나폴리 왕국의 로베르토 왕을 불러, 그를 로마에서 내쫓고 교황을 복직시킬 것 같은 불안에 휩싸이기 시작했습니다.

엔리코에게는 최측근으로 여길 수 있는 사람이 카스트루초 말고는 없었습니다. 그래서 그는 카스트루초에게 도움을 요청하며, 지원군만 보내지 말고 그가 직접 로마로 와 달라는 전갈을 보냈습니다. 이에 카스트루초는 그의 요청을 받아들이기로 결정했습니다. 한편으로는 황제에게 도움을 주고 싶었기 때문이었고, 다른 한편으로는 황제가 로마에 없다는 것을 고려해 봤을 때 이 상황을 타개할 다른 대안이 없다고 판단했기 때문이었지요.

그리하여 카스트루초는 파골로 귀니지를 루카에 남겨 두

고, 기병 600기와 함께 로마로 향했습니다. 그리고 그곳에서 엔리코에게 매우 영광스러운 대접을 받았지요. 그의 존재는 단시간에 황제당에게 많은 명성을 안겨 주었습니다. 그리고 유혈사태나 그 어떤 폭력적 조치 없이 모든 것들이 진정되었지요. 이는 카스트루초가 피사 지역에서 난 다량의 곡류를 해로(海路)를 통해 가져옴으로써 폭동의 원인을 없앴기 때문입니다.

그러고 나서 그는 로마의 정당 지도부 중 일부를 책벌하고, 나머지에게는 문책을 가하면서 그들이 엔리코의 통치를 자발적으로 받아들이도록 설득했습니다. 또한 그는 로마의 시민들에게 많은 존경을 받음으로써 로마의 원로원(senatore)이 되었지요. 이 직무를 맡은 카스트루초는 비단으로 수놓아진 토가(toga)를 입고 성대한 행진을 했습니다. 그 토가의 앞에는 "그는 하느님께서 원하는 사람이다(Egli é quel che Dio vuole)."라는 글이 쓰여 있었고, 뒤에는 "하느님께서 원하는 대로 될 것이다(E' sarà quel che Dio vorrà)."라고 쓰여 있었지요.

그러는 사이, 정전 기간 내내 카스트루초가 피스토이아를 점유하고 있던 것에 불만을 품고 있던 피렌체인들은 어떻게 하면 그 도시가 반란을 일으키도록 부추길 수 있을지 방법을 모색하기 시작했습니다. 그리고 이 모든 계획은 카스트루초의 부재 시에만 손쉬울 것이라고 판단했지요. 피렌체에 머물고 있던 피스토이아 출신의 망명자들 중에는 발도 체키(Baldo Cecchi)와 야코포 발디니(Iacopo Baldini)라는 사람이 있었는데, 이들은 모두 어떤 위험도 감수할 준비가 되어 있는 지도자들이었습니다. 그들은 그 일을 실행하기 위해 피스토이아 내부에 있는 측근들과 계속해서 연락을 주고받았습니다.

그러던 어느 날 밤, 그들은 피렌체인들의 도움으로 피스토이아로 들어가서 카스트루초의 지지자들과 관리들을 몰아냈지요. 그리고 그들 중 일부를 죽이고, 그 도시에는 자유를 되찾아 주었습니다.

이 소식은 카스트루초를 매우 성가시고 언짢게 했습니다. 그래서 그는 엔리코에게 허락을 받아 그의 군대를 이끌고 강행군을 감행하며 루카를 향해 떠났습니다.

카스트루초의 귀환 소식을 들은 피렌체인들은, 카스트루초가 이 일을 그냥 넘어가지는 않을 것이라고 생각했기 때문에 그보다 먼저 선수를 치기로 결정했습니다. 그리하여 그들은 군대를 이끌고 니에볼레 계곡에 들어가 주둔했습니다. 만약 그들이 먼저 그 계곡을 점령한다면 피스토이아를 재탈환하기 위해 지나야 하는 길목을 미리 차단할 수 있다고 판단했기 때문이지요. 그리하여 그들은 모두 구엘프당의 동맹군으로 구성된 대군을 일으켜, 피스토이아 지역으로 진군했습니다.

한편, 카스트루초와 그의 군대는 몬테카를로에 당도했습니다. 그리고 피렌체인들의 군대가 어디에 주둔해 있는지 알아냈지요. 그러나 그는 피스토이아의 평원에서도 적군과 대적하지 않고, 페차의 평원에서도 그들을 기다리지 않기로 했습니다. 오히려, 가능하다면, 세라발레(Serravalle)의 골짜기에서 적군과 맞서기로 결정했지요. 그리고 만약 이 계획이 성공한다면, 승리를 장담할 수 있다고 여겼습니다. 피렌체인들의 병력이 3만 명에 육박한다는 보고를 들은 카스트루 초는 그의 부대에서 1만 2,000명의 병력을 선별했습니다. 그러나 그가 자신의 지략과 병사들의 용맹함을 믿는다 할지 라도 사방이 트인 광활한 지역에서 전투를 벌인다면 수많은 적들에 의해 포위될 것을 염려하고 있었지요.

세라발레는 페차와 피스토이아 사이에 있는 성채입니다. 이 성채는 니에볼레 계곡을 가로막고 있는 구릉 위에 있었 지요. 이 구릉은 계곡 위를 정확히 지나는 것은 아니었지만, 그 위쪽으로 두 바탕쯤 떨어진 곳에 위치해 있었습니다. 그 리고 이 구릉의 지형은 사방에서 손쉽게 올라갈 수 있었기 때문에 그다지 가파르지는 않았지만, 위로 올라갈수록 점점 좁아지는 지형이었습니다. 그래서 만약 장정 20명 정도가 일렬로 늘어서서 올라온다면 물줄기가 갈라지는 산의 정상 에서는 극도로 비좁아 지게 되는 곳이었지요.

카스트루초는 바로 이 지점에서 적군과 대적하기로 계획 했습니다. 왜냐하면 이곳이 적군보다 병력의 수가 적었던 카스트루초의 부대에게 지형적으로 유리했을 뿐만 아니라, 전투가 일어나기 전에는 적들을 볼 수 없는 장소였기 때문입니다. 카스트루초는 그의 병사들이 전투 전에 상대적으로 많은 수의 적군을 본다면 패배감에 젖을 것을 염려했던 것이지요.

세라발레 성의 영주는 독일 출신의 만프레디(Manfredi) 경이었습니다. 그는 카스트루초가 피스토이아의 영주가 되기 전에, 루카인들과 피스토이아인들을 위한 공공장소 역할을 했던 이 성을 지키는 일을 맡고 있었습니다. 그 이후, 그가 누구의 편에도 서지 않으며, 모두에게 중립을 지키기로 서약했기 때문에 아무도 그를 공격하지 않았지요. 이에 더하여, 그가 견고한 요새 내에 있었기 때문에 지금까지 자신의 위치를 지킬 수 있었던 것이었습니다. 그러나 카스트루초가 그곳을 점령하고자 하는 강한 열망을 가지게 됨으로써, 그 성에 재난이 발생하게 되었습니다. 그리하여, 그 도시 사람 1명과 매우 긴밀한 관계를 만들어 나간 카스트루초는 전투가 벌어지기 전날 밤에 그의 부대원들 400명이 성 안으로 들어갈 수 있도록 그와 공모하고는, 그곳의 영주 만프레디를 처리했습니다.

　이렇게 모든 준비를 마친 카스트루초는, 피렌체인들이 그 산을 넘어올 마음을 먹도록 부추기려고 몬테카를로에 있는 그의 부대를 움직이지 않았습니다. 피렌체인들은 피스토이아에서 벗어나 니에볼레 계곡으로 그들의 전장을 옮기고 싶어 했기 때문에, 다음날 그 구릉을 넘을 요량으로 세라발레 아래에서 야영을 했습니다. 그러는 동안 카스트루초는 밤을 틈타 그 성을 조용히 장악했습니다.

　자정이 되어 몬테카를로를 떠난 그는, 그날 아침 그의 부대원들과 함께 세라발레 기슭에 고요히 당도했습니다. 결국, 피렌체인들과 그는 동시에 각자의 진영에서 그 구릉의 비탈을 오르기 시작했지요. 카스트루초는 보병들에게 주요 가도를 점령하라고 지시하고는 400기의 기병 무리를 좌측 경로를 통해 그 성 안으로 보냈습니다.

　그 구릉의 건너편에 있던 피렌체군은 먼저 기병 400기를 전열의 선두에 세우고, 그 뒤로 보병대와 중기병을 배치하고 진군하기 시작했습니다. 그들은 카스트루초가 그 성을 장악했음을 몰랐기 때문에 산의 정상에서 그의 부대와 직면하게 될 것이라고는 생각지도 못했지요. 그리하여 그 비탈을 모두 올라온 피렌체군의 기병대는 갑작스럽게 카스트루초의 보병대와 마주하게 되었습니다. 그들은 투구를 정돈할 시간조차 없을 정도로 카스트루초의 군대가 매우 가까이에 있다는 것을 깨달았지요.

그리하여 아직 싸울 준비가 되지 않은 피렌체 병사들은, 잘 준비되고 제대로 조직된 카스트루초의 병사들에게 공격을 받기 시작했습니다. 카스트루초의 부대는 용맹스러운 마음으로 그들의 적을 극단으로 몰아갔으므로, 피렌체인들은 아주 힘겹게 저항할 뿐이었습니다. 피렌체 병사들 중 몇몇이 선전했음에도 불구하고, 이 전투 소리가 그들의 진영에 남아 있던 병사들에게까지 다다르자, 피렌체군의 진영은 온통 아수라장이 되었습니다.

기병대는 보병대에 의해, 보병대는 기병대와 군마차에 의해 공격당했습니다. 피렌체군의 지휘관들은 비좁은 장소 때문에 그들의 병사들을 앞으로 나아가게 할 수도, 뒤로 돌아가게 할 수도 없었습니다. 결국 이러한 혼란 속에서 무엇을 할 수 있고, 또 무엇을 해야 하는지 아는 이는 아무도 없었지요. 카스트루초의 보병대와 격투를 벌였던 기병대는 대부분 학살당하거나 그들 스스로 방어할 수 없을 정도로 대파되었습니다. 그곳의 나쁜 지형이, 그들이 후퇴하도록 내버려 두지 않았기 때문입니다. 그들의 양 옆으로는 산이 있고, 후방에는 아군이, 그리고 전방에는 적군이 있었기 때문에 그 어떤 퇴로도 남아 있지 않았습니다. 결국 피렌체군은 그들의 용맹함 때문이 아니라, 어쩔 수 없이, 카스트루초의 병사들과 맞서 싸워야 했습니다.

한편 카스트루초는 그의 병력이 적을 섬멸하기에는 충분하지 않다는 것을 알고 있었으므로, 그 성을 통해 1,000명의 보병을 더 내보냈습니다. 그리고 그가 먼저 성에 보내 놓았던 기병 400기도 그 보병들과 함께 피렌체군의 진영으로 내려가라고 명령했지요. 그리하여 그들은 적군의 측면을 급

습하여 맹렬한 공격을 퍼부었습니다. 그들의 공격을 견딜 수 없었던 피렌체군은 마침내 퇴각하기로 결정했습니다. 그래서 피스토이아쪽 후방에 있던 병사들부터 후퇴하기 시작했지요. 그들은 평원을 가로질러 여기저기로 흩어졌습니다. 각자 스스로의 안전을 확보하기 위해 몸을 피할 수 있는 장소들을 찾아갔지요. 결국 카스트루초는 적군이 약해서라기보다는, 그 지형적 요인 덕분에 승리를 거머쥐게 되었습니다.

이와 같은 궤멸은 유혈 참사를 동반한 끔찍한 것이었습니다. 많은 수뇌부들이 포로로 잡혀갔는데, 이들 중에는 반디노 데 로씨(Bandino de' Rossi), 프란체스코 브루넬레스키(Francesco Brunelleschi), 그리고 조반니 델라 토사(Giovanni della Tosa)가 있었습니다. 이들은 모두 피렌체 귀족 출신이었지요. 이들과 함께 토스카나 공국과 나폴리 왕국 출신들도 많이 있었는데, 이들은 로베르토 왕이 구엘프당의 요청으로 피렌체인들과 함께 참전하도록 보낸 이들이었습니다.

이 궤멸 소식을 들은 피스토이아인들은 그들의 도시에 있는 구엘프당 지지자들을 지체 없이 몰아내고 카스트루초에게 투항했습니다. 그러나 카스트루초는 이에 만족하지 않고, 프라토(Prato)와 그 평원에 있는 모든 마을들 뿐만 아니라 아르노(Arno)강 양쪽에 있는 마을들까지 점령했습니다.

그의 부대는 피렌체에서 겨우 2마일 정도 떨어져 있는 페레톨라(Peretola) 평원에 진지를 세웠습니다. 그리고 그곳에서 여러 날을 머물며 전리품을 나누고, 그들이 손에 넣은 승리의 축제를 벌였지요. 또한, 피렌체인들에 대한 조롱을 담은 화폐를 주조하고, 말과 병사들, 그리고 매춘부들에게 경마 시합(Palio)을 열어 주었습니다. 반면, 카스트루초는 밤을 틈타 그에게 피렌체의 성문을 열어 줄 수 있는 피렌체 귀족 시민 몇 사람을 매수하려고 했습니다. 그러나 이 음모는 발각되었고, 여기에 가담한 톰마소 루파치(Tommaso Lupacci)와 람베르투치오 프레스코발디(Lambertuccio Frescobaldi)가 붙잡혀 참수되고 말았지요.

그 전투에서의 패배 때문에 두려움에 사로잡힌 피렌체인들은 그들의 자유를 지킬 수 있는 대책이 보이지 않았습니다. 그래서 더 확실한 도움을 받기 위해 나폴리의 왕 로베르토에게 사절들을 파견해 지원을 요청했지요. 그리고 그 답례로 자신들의 도시와 통치권을 넘겨 줄 것을 제안했습니다. 로베르토 왕은 이 제안을 받아들였지요. 이는 단지 피렌체인들이 그에게 안겨 줄 명예 때문만이 아니라, 구엘프당이 토스카나 공국을 다스리는 것이 나폴리 왕국을 위해서도 필요한 일이라는 것을 알고 있었기 때문이었습니다. 그래서 그는 매년 20만 플로린(fiorini)을 받기로 피렌체인들과 합의한 후, 그의 아들 카를로(Carlo)를 기병 4,000기와 함께 피렌체로 파견했습니다.

한편, 피렌체인들은 카스트루초 군대에 대한 압박에서 어느 정도 벗어나게 되었습니다. 왜냐하면 카스트루초가, 피사의 원로들 중 한 사람인 베네데토 란프란키(Benedetto Lanfranchi)가 그에게 대항하여 일으킨 음모를 진압하기 위해 부득이하게 피사로 돌아가야 했기 때문입니다. 조국이 루카인들의 하수인 노릇을 하는 것을 참을 수 없었던 베네데토는 피사의 성채를 탈환하고, 수비대를 몰아내며, 카스트루초의 지지자들을 살해할 음모를 꾸몄습니다.

그러나 이러한 일을 계획하는 데 있어서 그 수가 적다면, 비밀을 유지하기에는 좋을지 몰라도, 그것을 실행하기에는 충분하지 않았지요. 그래서 베네데토는 자신의 계획을 실행하기 위해 더 많은 사람들을 모으려고 애를 쓰고 있었습니다. 그러다 그의 계획을 카스트루초에게 누설한 사람을 발견하게 되었습니다. 그는 피사에 유배되어 있던 피렌체 출신의 보니파초 체르키(Bonifacio Cerchi)와 조반니 귀디(Giovanni Guidi)가 이 사건의 주범이었던 것입니다. 그리고 그들에 대한 비난 없이 지나가도록 두지 않았지요. 이에 카스트루초는 곧바로 베네데토를 붙잡아 죽였습니다. 또한 베네테토의 가문에 남아 있던 사람들은 전부 망명을 보냈으며, 다른 많은 도시 귀족들의 목을 베었습니다.

카스트루초는 피스토이아와 피사가 그에게 불충실하다고 여겼기 때문에, 그곳에 대한 확신을 가지기 위해 그의 책략과 힘을 사용하는 데 주력했습니다. 그러나 이것은 피렌체인들에게 그들의 전열을 재정비하고 카를로의 도착을 기다릴 수 있는 시간을 벌어 주는 일이었지요. 카를로가 피렌체인들의 진영에 당도하자, 그들은 시간을 버리지 않기로 결의하고 서둘러 대군을 모으기 시작했습니다. 그들은 이탈리아 내에 있는 거의 모든 구엘프당의 도움으로 병사들을 소집했기 때문에, 3만이 넘는 보병과 1만이 넘는 기병을 갖춘 매우 큰 군대를 조직할 수 있었습니다. 이제 그들은 피스토이아와 피사 중 어느 곳을 먼저 공격해야 할지 상의했습니다. 그 결과, 먼저 피사를 공격하기로 결정했지요. 왜냐하면 그 도시에서 있었던 최근의 사건 때문에 그들의 침략이 더 쉽게 성공할 수 있을 것이라고 판단했기 때문입니다. 그에 더해, 그들이 먼저 피사를 탈환한다면 피스토이아는 자진해서 항복할 것이라고 여겼으므로 그들에게는 훨씬 이득이 될 것이라고 생각했지요.

카스트루초에게 맞선 피렌체

그리하여 피렌체인들은 1328년 5월 초, 자신들의 군대를 이끌고 진군을 시작했습니다. 그리고 곧이어 라스트라(Lastra), 시냐(Signa), 몬테루포(Montelupo), 그리고 엠폴리(Empoli)를 점령하고는 성 미니아토로 나아갔지요. 한편, 카스트루초는 피렌체인들이 그에 맞서 대군을 일으켜 오고 있다는 소식을 듣고도 전혀 놀라지 않았습니다. 그는 오히려, 포르투나가 그에게 토스카나의 지배권을 손에 넣게 해 줄 바로 그때라고 생각했지요. 왜냐하면, 적군이 세라발레에서보다 피사의 전투에서 더 잘 할 수 있을 것이라고 생각하지 않았고, 이미 그 전처럼 다시 시작할 희망도 없을 것이라고 믿었기 때문입니다.

카스트루초는 2만의 보병과 4,000의 기병을 모아, 그들과 함께 푸체키오에 주둔하였습니다. 그리고 파골로 귀니지는 5,000의 보병과 함께 피사로 보냈지요. 푸체키오는 구샤나(Gusciana)와 아르노강 사이에 자리해 있고, 주변의 평지보다 다소 솟아올라 있었기 때문에 피사 지역에 있는 그 어떤 성채보다 강력한 위치를 점하고 있었습니다. 카스트루초가 그곳을 차지하고 있었기 때문에, 적군은 그들의 병력을 둘로 나누지 않고서는 루카나 피사에서 식료품이 조달되는 것을 차단할 수 없었지요. 뿐만 아니라, 그들이 불이익을 감수하지 않는 한 카스트루초와 전면전을 치르거나 피사로 진군할 수도 없었습니다. 왜냐하면, 피사를 칠 경우에는 카스트루초와 피사의 병사들에게 포위당할 위험이 있었기 때문이고, 카스트루초와 대적할 경우에는 적들의 공격과 엄청난 위험을 무릅쓰지 않으려면 아르노강을 건너가야 했기 때문이었지요. 그래서 카스트루초는 그들이 강을 건너는 방법을 선택하도록 유도하려고 아르노강의 제방 위가 아니라 푸체키오의 성벽 근처에 병력을 배치했습니다. 그렇게 그의 부대와 강 사이에 넓은 공간을 남겨 두었지요.

성 미니아토를 점령한 피렌체인들은 그 다음으로 해야 할 일이 무엇인지, 즉 피사로 진군할지 아니면 카스트루초와 전면전을 벌일지 논의했습니다. 그들은 각각의 경우에 대한 어려움을 가늠해 본 후, 최종적으로 카스트루초를 공격하기로 결정했지요. 아르노강은 걸어서 건널 수 있을 만큼 수위가 낮긴 했으나, 보병에게는 어깨까지 그리고 기병에게는 말의 안장까지 물이 찼습니다. 그렇게 6월 10일 아침이 되자, 전투 대형을 갖춘 피렌체인들은 일부 기병 부대와 1만 명의 보병 전투부대에게 강을 건너가도록 지시했습니다.

반면, 자신이 하고자 하는 일에 집중하여 준비를 잘하고 있던 카스트루초는 보병 5,000명과 기병 3,000기를 이끌고 피렌체군에게 지체 없는 공격을 가하였습니다. 그래서 적들이 완전히 강물 밖으로 나올 틈을 주지 않았지요. 동시에 그는 날쌘 보병 1,000명을 아르노강 아래쪽 제방으로 보내고, 또 다른 보병 1,000명은 위쪽으로 보냈습니다.

피렌체 진영의 보병들은 그들의 무기와 강물 때문에 점점 가라앉게 되었고, 결국 그 강을 빠져나오지 못했습니다. 그리고 물에서 빠져나온 몇몇 기병들이 아르노강 바닥을 엉망으로 만들어 버렸기 때문에 다른 이들은 건너가기 어렵게 되어 버렸지요. 결국 그들이 타고 있던 말들이 바닥이 드러난 길을 찾느라 날뛰면서 그들의 등에 타고 있던 병사들을 떨어트리기 시작했습니다. 그래서 많은 이들이 스스로 빠져나올 수 없는 진창 속으로 던져졌지요.

결국 그 지점에서 강을 건너는 것이 어렵다는 것을 깨달은 피렌체군의 수장들은 병사들에게 강의 더 위쪽으로 올라가도록 명령했습니다. 이는 훼손되지 않은 강바닥과 그들이 오르기에 더 완만한 강둑을 찾기 위해서였지요. 그러나 이들은 카스트루초가 미리 위쪽 제방으로 보내 놓았던 보병대와 대치하게 되었습니다. 손에 창과 방패를 들고 가볍게 무장한 카스트루초의 보병들은 우렁찬 함성을 지르며 적들의 얼굴과 가슴을 공격했습니다. 그 함성과 부상 때문에 겁에 질린 말들은 전진하길 거부했으며, 그들의 등에서 병사들을 떨어트렸습니다.

한편, 카스트루초의 병사들과 강을 건너온 피렌체 병사들 간의 전투는 가혹하고 끔찍했습니다. 양편의 많은 병사들이 물속으로 떨어졌지요. 그들은 각자 상대편을 이기기 위해 전력을 다해 싸웠습니다. 카스트루초의 병사들은 피렌체 병사들을 다시 강물 속으로 밀어 넣어 빠뜨리려고 했고, 피렌체 병사들은 물 밖으로 빠져나온 다른 병사들이 전투를 할 수 있는 공간을 마련하기 위해 카스트루초의 병사들을 몰아내려고 했습니다. 그리고 그들을 지휘하는 대장들의 격려가 피렌체군의 투지를 더욱 불타오르게 만들었지요. 그래서 카스트루초는 그의 병사들에게 지금 그들이 싸우고 있는 적은 불과 얼마 전에 그들이 세라발레의 전투에서 물리쳤던 적군과 동일하다는 것을 상기시켜 주었습니다. 이에 피렌체 병사들은 카스트루초의 병력보다 훨씬 많은 수의 병력을 갖추고 있었음에도 불구하고, 적군에게 승리를 빼앗겼던 것에 대해 서로를 비난했지요.

그러나 카스트루초는 전투가 오래 지속되면서 그의 병사들은 물론이고 적군들 또한 지칠 대로 지쳐 있다는 것을 알았습니다. 그리고 사방에서 수많은 부상자와 사상자가 속출하는 것을 지켜보았지요. 그래서 카스트루초는 남아 있던 5,000의 보병부대를 밀고나가, 전투 중인 병사들의 후방에 배치시켰습니다. 그리고 싸우고 있던 병사들에게는 후퇴하는 척하면서 일부는 오른편 위쪽으로, 또 다른 일부는 왼편 위쪽으로 퇴각하도록 명령했지요. 그렇게 하자, 피렌체군은 앞으로 나아갈 공간을 얻게 되었고, 어느 정도 그들의 전장을 확보하게 되었습니다. 그러나 이미 지쳐 있는 피렌체 병사들과 카스트루초의 새로 배치된 병사들이 맞붙게 되었으므로, 피렌체 병사들은 얼마 버티지 못하고 밀려나 강물 속으로 떨어졌습니다.

그러나 카스트루초의 기병대는 그 수가 적었으므로 다른 병력들에 비해 우세하지 못했습니다. 카스트루초는 이런 약점을 알고 있었기 때문에 지휘관들에게 그저 적군의 공격을 버티기만 하라고 명령했습니다. 그는 보병들이 적군을 압도해 준다면, 그들이 전세에서 우위를 차지하게 되므로, 적의 기병대를 더 쉽게 격파할 수 있다고 판단했습니다. 그리고 이 모든 것은 그의 계획대로 이루어졌지요. 피렌체군의 보병들이 다시 강으로 떨어지는 것을 본 카스트루초는 그의 보병대 중 남아 있는 병력을 적의 기병대와 맞서도록 내보냈습니다. 그들이 창과 활로 피렌체군의 기병들을 공격하자, 카스트루초의 기병대는 더 크게 분격하여 적들에게 공격을 퍼부었지요. 그리하여 마침내 피렌체군의 기병들을 패주시켰습니다.

반면, 그들의 기병대가 강을 건너는 것이 어렵다는 것을 깨달은 피렌체군의 수장들은 강의 하류 부근으로 내려가 보병들을 건너가게 한 후, 카스트루초 부대의 측면을 공격하려고 했습니다. 그러나 그곳의 제방이 높았을 뿐만 아니라, 그 위에는 이미 카스트루초의 병사들이 점령하고 있었으므로, 그들의 시도는 수포로 돌아가고 말았습니다.

그리하여 적군은 카스트루초에게 큰 영광과 영예를 남기고 궤멸되었으며, 그 엄청난 무리 중 3분의 1도 살아서 나가지 못했습니다. 뿐만 아니라, 다수의 피렌체군 수장들을 포로로 잡았는데, 그중에는 엠폴리로 도망쳤던 피렌체의 위원(commissario) 미켈라뇰로 팔코니(Michelagnolo Falconi)와 타대오 델리 알비치(Taddeo degli Albizzi)를 비롯하여 로베르토 왕의 아들 카를로가 있었습니다. 이 전쟁으로 인해 엄청난 손실과 대규모 학살이 있었는데, 그 사상자의 수는 피렌체군의 병사들이 2만 231명 그리고 카스트루초의 병사들이 1,570명 정도로 추정됩니다.

포르투나의 냉혹함

그러나 카스트루초의 영광에 적대적이었던 포르투나는 그에게 생명을 주어야 할 시기에, 그것을 앗아가 버리고 말았습니다. 그리고 그가 오랫동안 실행하고자 생각했던 계획들, 즉 죽음이 아니고서는 그 어떤 것도 막을 수 없었던 그 계획들을 중단하게 만들었지요. 그 전투 내내 자신을 혹사시켰던 카스트루초는 전쟁의 끝이 보일 즈음엔, 완전히 기진맥진해서 땀으로 흠뻑 젖어 있었습니다. 그럼에도 불구하고, 카스트루초는 푸체키오의 성문 위에 서서, 승리를 이끌고 돌아오는 병사들을 기다렸습니다. 그의 병사들을 자신이 직접 맞이하고, 그들에게 고마움을 전하기 위함이었지요. 또 한편으로는 전열을 재정비한 적들이 공격해 온다면 그들을 처리할 준비를 하기 위해서였습니다. 카스트루초는 제일 먼저 말에 올라타서 가장 마지막에 내려오는 것이 훌륭한 장군의 의무라고 믿었기 때문에 이렇게 한 것이지요.

그리하여 대부분의 시간 동안 끊임없이 아르노강 위로 불어 올라와, 건강에 해를 끼치는 바람에 노출되어 있던 카스트루초는 온몸이 꽁꽁 얼어붙었습니다. 사실 그는 이런 불편에는 이미 익숙해져 있었기 때문에 별로 개의치 않았습니다.

그러나 이것은 결국, 그의 죽음의 원인이 되고 말았습니다. 왜냐하면, 다음날 밤부터 카스트루초는 고열에 시달렸기 때문이지요. 이 열은 계속해서 악화되었고, 의원들은 모두 그의 병을 치료하기 힘들 것이라고 진단했습니다. 그리하여, 이러한 상황을 눈치 챈 카스트루초는 파골로 귀니지를 불러 다음과 같은 말을 남겼습니다.

나의 아들아, 내가 만약 나에게 매우 만족스러운 성공을 보장하며 영광으로 향해 가는 여정의 한가운데에서 포르투나가 나를 없애 버리길 원한다는 것을 알았더라면, 나는 이렇게 애쓰지 않았을 뿐 만 아니라, 너에게 보다 작은 규모의 나라를 남겨 주었을 것이다. 그랬다면 너를 이렇게 많은 적들과 시기심에 둘러싸이게 하지도 않았겠지. 나는 루카와 피사에 대한 통수권으로 만족했기 때문에 피스토이아인들을 지배하거나, 피렌체인들을 그렇게 엄청난 모 욕으로 자극하지도 않았을 것이다. 오히려 이 두 민족들 모두 나 의 친구로 삼아, 오래 살지는 못할지라도, 확실히 더 평화로운 삶 을 영위해 나갈 수 있었을 게다. 그리고 너에게도 작긴 하지만, 분 명 훨씬 더 안전하고 확고한 기반을 갖춘 나라를 남겨 줄 수 있었 을 것이다. 그러나 인간의 모든 것을 지배하고자 하는 포르투나 는, 내가 먼저 그것을 깨달을 수 있는 충분한 판단력을 주기는커 녕, 그것을 극복할 수 있는 시간조차 주지 않았다.

내가 무엇이든 관대한 마음으로 이해해야만 했고, 그 어떤 희 망도 없었던 어린 시절에 어떻게 네 아버지의 집으로 오게 되었 는지, 그리고 네 아버지가 어떻게 나를 길렀으며, 그의 핏줄에서 나온 자식만큼, 아니 그보다 더 많은 사랑을 내게 베풀어 주었는지 들었을 게다. 많은 이들이 네게 이 이야기를 전해 주었고, 나는 이에 대해 한 번도 부정하지 않았으니까. 그래, 나는 네 아버지의 가르침에 따라 용감한 사람이 되었으며, 네가 보아 왔고 지금도 보고 있는 이 포르투나를 받아들일 수 있게 되었다.

네 아버지는 죽음이 임박하자, 그의 모든 재산과 너를 나의 신의에 맡겼단다. 그래서 나는 네 아버지가 내게 주었던 것과 같은 사랑으로 너를 길렀으며, 내가 지금도 여전히 간직하고 있는 그 신의로 재산을 불려 놓았지. 너는 네 아버지가 남겨 놓은 재산뿐만 아니라, 포르투나의 도움과 나의 비르투로 차지할 수 있었던 재산 또한 상속받아야 했다. 그래서 나는, 혹시라도 내 아이들에 대한 사랑이 내가 네 아버지의 혈육인 너에게 끊임없이 표현하고자 했던 감사함을 보여 주지 못하게 막을 수 있다고 여겼기 때문에, 단 한 번도 아내를 얻으려고 했던 적이 없었다. 결국 내가 너에게 이 방대한 재산을 남겨 주게 되었으므로, 무척 만족스럽구나. 다만 이를 나약하고 불안한 상태로 물려주는 것이 애통할 따름이다.

너에게 루카를 맡긴다. 그러나 이 도시는 너의 지배하에 사는 것을 결코 좋게 여기지 않을 것이다. 피사 또한 너의 손에 맡긴다. 이 도시는 변덕스러운 천성을 가진 사람들과 거짓으로 가득 찬 사람들이 있는 곳이다. 오랜 시간 동안 우리를 섬겨 왔음에도 불구하고 여전히 루카 출신 영주의 지배하에 있는 것에 대해 경멸감을 드러낼 것이다. 피스토이아 또한 너에게 맡긴다. 이 도시는 생생한 모욕과 분노로 우리 가문에 맞서 갈라졌기 때문에 우리에게 그렇게 충성스러운 사람들이 아니다.

그리고 우리에게 온갖 방법으로 잊을 수 없는 모욕을 당하고 상처 입은 피렌체인들을 네 이웃으로 품어 안아야 한다. 그들에게 있어서 나의 죽음은, 내가 토스카나를 점령하지 못했다는 것보다 더 반가운 소식이 될 것이다. 또한 너는 밀라노의 군주들과 황제를 믿어서는 안 된다. 그들은 거리상 우리와 멀리 떨어져 있기 때문에 어떤 행동을 취하는데 굼뜨고 지원군을 보내는 데에도 시간이 걸리기 때문이다.

그러므로 너는 너의 지략과 내가 행했던 비르투에 대한 기억, 그리고 현재의 승리가 너에게 가져다주는 명성을 제외하고는 그 어떤 것에도 희망을 두지 말거라. 네가 만약 이것을 현명하게 다룰 줄 안다면, 현재의 패전 상태에서 공포에 사로 잡혀 있는 피렌체인들과 협정을 체결할 수 있을 것이며, 그들도 기꺼이 이 협정에 응하게 될 것이다.

내가 비록 그들을 적으로 만들려고 애썼으며, 그들의 적의가 나에게는 힘과 영광이 되어 돌아왔다고 여겼을지라도, 너는 그들을 네 편으로 만들기 위해 최선을 다해 노력해야 한다. 왜냐하면 그들과의 우호 관계가 너에게 안전함과 평안함을 가져다줄 수 있기 때문이다.

이러한 세계에서 무엇보다 중요한 것은 자기 자신에 대해 아는 것이다. 뿐만 아니라, 자신의 정신력과 그의 위치에 대한 것도 가늠할 줄 알아야 한다. 그리하여 자신이 전쟁을 치르는 것에 적합하지 않다는 것을 깨달은 사람이라면, 평화의 기술로 통치하고자 노력해야 할 것이다.

네가 나의 노고와 내가 겪은 위험들을 너에게 맞게 활용하고자 힘쓰고, 이것에 목표를 두고 나아간다면 모든 일이 잘 해결될 것이다. 뿐만 아니라, 네가 나의 이 진실한 기억들을 존중하고 받아들인다면, 위에서 언급했던 일들을 쉽게 해낼 수 있을 것이다. 또한 너는 나에게 두 가지 감사하는 마음을 가지게 될 터인데, 하나는 내가 너에게 이 왕국을 물려주었다는 것이고, 또 다른 하나는 이를 지키는 방법을 가르쳐 주었다는 것이다.

그리고 나서 카스트루초는 그와 함께 전쟁을 치룬 루카와 피사, 그리고 피스토이아 시민들을 불러 모아 그들에게 파골로 귀니지를 천거하여 그를 따를 것을 맹세하도록 하고는 숨을 거두었습니다. 그는 그를 기억하고 있는 모든 사람들에게 행복한 기억을 남기고 죽었습니다. 그리고 그의 측근들에게는 지금까지 거쳐 간 그 어떤 군주의 죽음과 비교할 수 없을 정도로 큰 상실감을 남겼지요. 장례식은 매우 성대하게 거행됐으며, 그의 시신은 루카의 성 프란체스코(San Francesco) 성당에 묻혔습니다.

그러나 이제 비르투와 포르투나는 카스트루초 때만큼 파골로 귀니지에게 우호적이지 않았습니다. 그리하여 파골로는 오래 지나지 않아 피스토이아를 잃었고, 곧이어 피사 또한 잃게 되었지요. 그러나 루카에 대한 지배권만은 가까스로 지켜내어, 그의 증손자 파골로 대까지 그의 가문의 지배가 지속 될 수 있었습니다.

냉정, 기품, 온화함을 가진
카스트루초의 말들

카스트루초는 이미 증명된 것과 같이 그가 살았던 시대뿐만이 아니라, 앞서 지나갔던 많은 시대에 있어서도 뛰어난 사람 중 1명이었습니다. 그의 신장은 보통 사람들 보다 컸지만, 팔다리는 다른 이들과 엇비슷했습니다. 또한 외양은 무척 기품 있었고, 매우 관대한 마음으로 사람들을 받아들였으므로 그 누구도 그에게 불만을 표출하지 않았지요. 그의 머리카락은 붉게 윤이 났으며, 늘 귀 위로 짧게 잘려 있었습니다. 그리고 언제나 항상, 날씨가 어떠하든, 즉 비나 눈이 오더라도 머리에 무언가를 쓰고 다닌 적이 없었지요.

그는 측근들에게는 친절했지만, 적들에게는 공포의 대상이었고, 시민들에게는 공정했으며, 이방인들은 믿지 않았습니다. 또한 속임수로는 결코 승리할 수 없으므로, 오로지 그가 가진 힘을 통해 승리하고자 노력했습니다. 왜냐하면 승리는, 승리를 달성하기 위한 방법이 아니라, 영광을 가져 오는 것이라고 말하곤 했기 때문이지요.

위험 속으로 들어가려고 더 대담하게 굴거나, 그 위험에서 빠져나오려고 더 신중하게 구는 사람은 아무도 없었습니다. 그래서 카스트루초는 남자라면 그 어떤 것에도 두려움을 가지지 말고 모든 것을 시도해 보아야 한다고 말하곤 했지요. 그리고 하느님은 강한 사람을 사랑한다고도 했습니다. 왜냐하면 하느님은 언제나 강한 자들로 약한 자들을 벌한다고 여겼기 때문이지요.

예리하면서도 품위 있던 그의 신랄한 응답들은 여전히 감탄할 만합니다. 그러나 일부 사람들은 그가 이런 식으로 이야기하는 것을 좋게 여기지 않았습니다. 그래서 카스트루초는 그가 하는 말이 받아들여지지 못했을 때도 노여워하지 않았지요. 이런 신랄한 발언들과 더불어 다른 사람의 이야기에 귀 기울여 들어 주었던 일화들을 많이 찾아볼 수 있습니다.

한 번은 그가 자고새 한 마리를 두카토(ducato) 한 닢을 주고 산 적이 있었습니다. 이에 한 친구가 그를 질책하자, 카스트루초가 말했습니다.

"자네는 이 새가 솔도(soldo) 한 닢 이상의 가치가 없다고 생각하는가?"

그 친구가 그렇다고 대답하자, 카스트루초는 다음과 같이 말했지요.

"나에게는 두카토 한 닢의 가치가 훨씬 덜하다네."

아첨꾼 한 사람이 그의 주위를 맴돌자, 카스트루초는 경멸을 담아 그의 얼굴에 침을 뱉었습니다. 그러자 그 아첨꾼이 다음과 같이 말했지요.

"낚시꾼은 작은 물고기 1마리를 잡기 위해 바닷물에 온몸이 젖도록 내버려 둔다오. 나는 고래 1마리를 잡아야 하므로 침 한 방울이 내 몸을 잘 적시도록 내버려 둘 것이오."

카스트루초는 이 말을 주의 깊게 듣고는, 그에게 상을 내렸습니다.

어떤 이가, 카스트루초가 너무 호화롭게 사는 것에 대해서 비난하자, 그는 이렇게 말했습니다.

"이것이 악덕이라면, 우리 성인들(santi)의 축일에 그렇게 성대한 연회를 마련하지 못했을 것이오."

어느 날 길을 걷던 카스트루초는 매춘부의 집에서 나오는 한 젊은이를 보게 되었습니다. 그에게 이 모습을 들킨 청년의 얼굴이 붉게 달아오르자, 카스트루초는 다음과 같이 말했습니다.

"그곳에서 나올 때 수치스럽게 생각하지 말고, 그곳으로 들어갈 때 수치스럽게 여기시오."

한 친구가 매우 정교하게 묶여 있는 매듭을 풀어 보라고 그에게 주자, 그가 말했습니다.

"이 어리석은 사람아, 내가 그걸 얼마나 힘들게 묶어 놓았는데 다시 풀고 싶어 할 것이라고 생각했는가?"

어느 날 카스트루초는 한 철학자에게 다음과 같이 말했습니다.

"당신네들은 항상 먹을 것을 더 많이 주는 사람 주위로 모여 드는 개들과 다를 바 없소."

그러자 그 철학자가 대답했지요.

"아니오, 오히려 우리는 의사와 같다고 말할 수 있소. 왜냐하면 우리는 우리를 더 필요로 하는 사람들의 집으로 가기 때문이오."

카스트루초는 피사에서 리보르노(Livorno)로 배를 타고 가던 도중, 갑작스럽게 위험천만한 폭풍우를 만나게 되었습니다. 이에 그가 크게 동요했기 때문에, 그와 함께 있던 이들 중 한 사람이 카스트루초의 그런 겁 많은 모습을 비난했습니다. 그리고 자신은 그 어떤 것에도 두려움이 없다고 말했지요. 그러자 카스트루초가 그 사람에게 다음과 같이 말했습니다. 사람들은 제각기 그가 지닌 가치로 자신의 생명을 평가하기 때문에 그가 그렇게 생각하는 것이 전혀 놀랍지 않다고 말이지요.

어떤 이가 존경을 받기 위해서는 어떻게 해야 하는지를 묻자, 카스트루초는 대답했습니다.

"이렇게 하시오. 당신이 연회에 갔을 때, 다른 사람 위에 있는 의자에는 앉지 마시오."

어떤 이가 자신은 많은 것들을 읽었다고 과시하는 것을 보고는 카스트루초가 말했습니다.

"그것들을 온전히 머릿속에 기억하고 있다고 자랑하는 것이 더 나을 텐데 말이오."

어떤 이가 매우 많은 양의 술을 마시면서 자신은 결코 취하지 않는다고 자랑하자, 카스트루초가 말했습니다.

"황소도 당신과 똑같이 할 수 있다오."

카스트루초가 그와 친밀한 관계를 유지하고 있던 어느 젊은 여성과 교제하자, 한 친구는 여자에게 좌지우지 되도록 내버려 둔 것이 가장 잘못한 일이라고 그를 비난했습니다. 그러자 카스트루초는 다음과 같이 말했지요.

"자네가 틀렸네. 나는 그녀를 가졌네만, 그녀가 나를 갖진 못했다네."

카스트루초가 너무 산해진미만 즐기는 것을 본 또 다른 이가 그를 비난하자, 그는 이렇게 말했습니다.

　"자네는 나처럼 이렇게 음식에 돈을 쓰지는 않겠다는 말인가?"

　그 사람이 그렇다고 대답하자, 그가 덧붙였지요.

　"그렇다면 자네는 내가 식을 탐하는 것보다 더 탐욕스러운 사람이군."

　어느 날 카스트루초는 루카 사람인 타대오 베르나르디 (Taddeo Bernardi)의 저녁 식사에 초대를 받았습니다. 그는 매우 부유하고 멋진 남자였지요. 카스트루초가 그의 저택에 도착하자, 타대오는 그에게 겹겹의 휘장으로 장식되어 있는 방 하나를 보여 주었습니다. 또한 그 방의 바닥은 꽃과 나뭇잎 또는 푸른 잎사귀 같은 것을 표현해 놓았고, 갖가지 색상으로 다양하게 짜여진 좋은 대리석으로 되어 있었지요. 그러자 카스트루초는 입안에 다량의 침을 모아 그것을 모두 타대오의 얼굴에 뱉었습니다. 이에 어안이 벙벙해져 당황하는 타대오에게, 카스트루초가 말했지요.

"내가 어디에 침을 뱉어야 자네를 덜 불쾌하게 하는 것인지 몰라서 그랬네."

체사레(Cesare)가 어떻게 죽었냐는 질문에, 그는 다음과 같이 말했습니다.

"하느님께서 나도 그가 죽은 것과 같은 방법으로 죽게 하시길!"

어느 날 밤, 카스트루초는 한 귀족 신사의 집에 있었는데, 그곳에서 열리는 연회를 위해 많은 여성들이 초대받아 왔습니다. 그래서 카스트루초는 그의 지위에 걸맞지 않게 보일 정도로 그 여성들과 춤을 추며 즐겼지요. 이에 대해 한 친구가 그를 질책하자, 그는 이렇게 말했습니다.

"낮에 현명하게 평가되는 사람이 밤이라고 해서 미친 사람으로 여겨지겠는가? 결코 아니라네."

어떤 이가 카스트루초에게 도움을 청하러 왔을 때, 그는 귀가 들리지 않는 체했습니다. 그래서 그 남자가 스스로 땅에 무릎을 꿇자, 카스트루초가 그 남자를 나무랐지요. 그러자 그 남자는 이렇게 말했습니다.

"이는 당신 잘못이오. 당신이 귀를 발에 달고 있지 않소."

그리하여 그 남자는 그가 부탁했던 것의 곱절을 얻을 수 있었습니다.

또한 그는 지옥으로 가는 길은 참으로 쉬운데, 눈을 가리고도 아래쪽으로 내려가기만 하면 되기 때문이라고 말하곤 했습니다.

그에게 도움을 청하기 위해 쓸데없이 많은 말을 늘어놓는 사람에게 카스트루초는 다음과 같이 말했습니다.

"자네가 나에게서 무언가를 더 얻고자 한다면, 다른 사람을 보내게."

앞의 경우와 비슷하게 긴 연설로 그를 피로하게 했던 한 남자가 있었는데, 그가 말을 마치면서 카스트루초에게 말했습니다.

"아마도 제가 말을 너무 많이 해서 경을 피곤하게 한 것 같군요."

그러자 카스트루초가 대답했습니다.

"아닐세. 나는 자네가 하는 이야기를 듣고 있지 않았으니까 말이네."

카스트루초는 아름다운 소년에서 수려한 청년으로 성장한 어떤 사람에 대해서 이야기하곤 했습니다. 이 남자는 처음에는 부인들에게서 남편들을 빼앗아 갔지만, 지금은 남편들에게서 부인들을 빼앗아 가고 있기 때문에 매우 모욕적이라고 말했지요.

시기심이 강한 어떤 이가 웃고 있는 것을 본 카스트루초가 말했습니다.

"자네는 자네에게 좋은 일이 있어서 웃는 건가, 아니면 다른 이에게 나쁜 일이 생겨서 웃는 건가?"

그가 아직 프란체스코 귀니지 경의 보호 아래 있을 때, 그의 동료 중 한 사람이 말했습니다.

"내가 자네의 뺨을 한 대 후려치는 대가로 자네에게 무엇을 주길 원하는가?"

그러자 카스트루초가 대답했습니다.

"투구 하나면 족하네."

카스트루초가 그의 위업을 달성하는 데 기여했던 루카의

시민 1명을 처형하자, 세간에는 그가 오랜 측근들 중 1명을 죽이는 몹쓸 짓을 했다는 말이 떠돌았습니다. 이에 카스트루초는 그것은 잘못된 것이라고 말하며 새로운 적을 1명 죽인 것일 뿐이라고 대답했지요.

카스트루초는 아내를 맞이하고 나서 그녀를 마음대로 다루려고 하지 않은 남자들과, 배를 타고 항해하고 싶다고 말하곤 했지만 결국 그렇게 하지 않은 남자들을 매우 칭송하기도 했습니다.

또한 그는 도자기나 유리로 된 항아리를 살 때 그것이 좋은 것인지 살피기 위해 먼저 소리를 들어 보는 사람들과 탑 안에 아내를 두고 단지 그녀를 보는 것만으로 만족하는 남자들이 매우 놀라웠다고 이야기했지요.

어떤 이가 죽음이 목전에 와 있는 카스트루초에게 무덤에 어떻게 묻히고 싶은지 묻자, 그가 대답했습니다.

"내 얼굴을 아래로 향하게 돌린 채로 묻어 주게. 왜냐하면 나는 내 죽음으로 인해 이 나라가 거꾸로 뒤집힐 것을 알고 있기 때문이네."

어떤 이가 그의 영혼을 구원하기 위해 수도자가 되려고 생각했던 적이 있냐고 묻자, 카스트루초는 그런 적은 없었노라고 대답했습니다. 왜냐하면 그에게는 라체로(Lazzero) 수사는 천국에 갈 수 있는 반면, 우구치오네 델라 파주올라는 지옥에 가게 될 거라는 것이 이상하게 여겨졌기 때문이라고 했지요.

한 사람이 건강을 지키고 싶다면 언제 식사하는 것이 좋겠냐고 묻자, 그가 대답했습니다.

"부자라면 배가 고플 때 먹고, 가난하다면 먹을 수 있을 때 먹는 것이 좋지 않겠소."

한 귀족 신사가 하인에게 신발 끈을 묶게 하는 것을 보고, 그가 말했습니다.

"나는 자네가 음식도 입에 떠 넣어 줘야 먹을 수 있게 되기를 하느님께 빌겠네!"

어떤 이가 자신의 집 위에 라틴어로, '하느님께서 악한 이들로부터 이 집을 지켜 주시기를!' 이라고 써 놓은 것을 보고, 그가 말했습니다.

"그렇다면, 그 자신도 이 집에 들어가선 안 되겠군."

어느 날 그가 길을 지나 가다가, 집채는 작은데 문은 큰 집을 보고는 이렇게 말했습니다.

"저 집이 저 문으로 도망가겠군 그려."

어느 외국인이 한 소년을 타락 시켰다는 이야기를 듣고 그가 말했습니다.

"그는 분명 페루자(Perugia) 출신이겠군."

어떤 이가 어느 지역이 사기꾼과 협잡꾼의 도시로 악명 높은지 묻자, 카스트루초가 대답했습니다.

"루카라네. 왜냐하면 부온투라(Buontura)를 제외하고는 그들 모두 천성적으로 그런 기질을 타고났기 때문이지."

어느 날 카스트루초는 나폴리 왕의 특사와 망명자들의 재산에 대해 논쟁을 하다가, 다소 흥분하게 되었습니다. 그러자 그 특사는 카스트루초에게 말했지요.

"자네는 나폴리 왕이 두렵지도 않은가?"

이에 그가 대답했습니다.

"당신들의 그 왕은 좋은 왕이오, 아니면 나쁜 왕이오?"

그 특사가 좋은 왕이라고 대답하자, 카스트루초가 말했습니다.

"그렇다면 당신은 왜 내가 좋은 사람을 두려워하길 바라는 것이오?"

내가 그의 재치와 위엄을 엿볼 수 있는 발언들에 대해 더 많은 이야기를 꺼내 놓을 수도 있지만, 위에서 언급한 내용들이 그의 위대한 성품에 대한 증거로 충분하길 바랍니다.

마흔네 해를 산 카스트루초는 여러 모로 운이 따랐던 군주였습니다. 그러나 그는 자신에 관한 많은 기억들이 그가 누렸던 행운에 대해서 보여 주는 것처럼, 그가 겪은 불운에 대해서도 보여 주길 원했습니다. 이러한 이유로 그는, 그가 감옥에 갇혀 있을 때 그를 묶었던 쇠고랑들을 그의 집에 있는 탑에 박아 넣어 오늘날까지 전해지게 했지요. 이는 그가 겪었던 역경의 날들을 증명하기 위해 만들어 둔 것이었습니다. 뿐만 아니라, 카스트루초의 기량은 동시대에 명을 달리

한 알렉산드로(Alessandro)의 아버지 마케도니아(Macedonia)의 필립포(Filippo)나 로마의 시피오네(Scipione) 못지않았으므로, 그의 조국이 루카가 아닌 마케도니아나 로마였다면, 그 둘 모두를 능가할 정도로 뛰어났을 것임은 의심할 여지가 없는 것이지요.

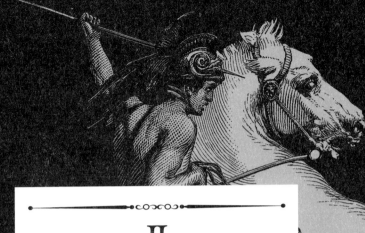

II

해제

『카스트루초 카스트라카니의 생애』에 나타난 마키아벨리의 시대와 사상

김상근(연세대학교 신과대학 교수)

마키아벨리는 르네상스인이었다. 쥘 미슐레가 『프랑스사』에서 처음 소개한 용어인 '르네상스(Renaissance)'가 '인간과 세계의 재발견'이었다면, 그 시대를 직접 살았던 마키아벨리는 '인간'의 의미를 재발견했던 진정한 르네상스인이었다. 시대가 변해도 변하지 않는 것이 인간이다. 세월이 변해도 인간이 기뻐하고 슬퍼하는 것, 사랑하고 미워하는 이유는 잘 변하지 않는다. 이 판단이 맞고 틀리다는 것을 지금 이 자리에서 논하는 것은 별 의미가 없으니, 지금 우리에게 중요한 것은 마키아벨리가 그것을 굳게 확신했다는 것이다.

시대가 변하고 세월이 흘러도 변하지 않는 인간의 본질에 대한 마키아벨리의 줄기찬 관심은, 『군주론』의 핵심 사상을 이루고 있다. 그래서 마키아벨리는 이렇게 말했다.

이것은 인간 일반에 대해서 말해 줍니다. 즉 인간이란 은혜를 모르고 변덕스러우며 위선적인 데다 기만에 능하며, 위험을 피하려 하고 이익에 눈이 어둡습니다.

― 『군주론』 제17장 중에서

마키아벨리가 관심을 가진 것은 역사와 시대의 제약을 받지 않는 '인간 일반'의 본질 문제였다. 자기 이익을 우선시하는 이기적인 인간의 본질에 대해 관심을 가졌던 것이다. 원래 인간이란 것이 "은혜를 모르고 변덕스러우며, 위선적인 데다 기만에 능하다는 것"이다. 그는 확신했다. 로마제국의 역사나 피렌체의 역사나, 다 그게 그거라고. 시대는 바뀌고, 문명의 파도는 밀물처럼 몰려왔다가 썰물처럼 빠져 나가지만, 사람은 변하는 것이 없다고. 시대는 변하지만 '인간 일반'은 변하지 않는 법이라고.

만약 그렇다면, 마키아벨리를 시대적으로 혹은 역사적으로 분석하는 것은 어떤 의미가 있을까? 마키아벨리에 대한 역사적 분석은 과연 의미가 있는 작업일까? 시대와 역사의 제약을 뛰어넘어 '인간 일반'의 속성을 파헤치려고 했던 그를, 시대와 역사의 제약 속에서 분석하는 것이 과연 가능한 일일까? 차라리 마키아벨리 본인의 방식과 입장대로, 변하지 않는 인간의 본성을 고찰하는 '철학적' 분석이 더 유의미하고 가치가 있는 일이며, 그것이 더 마키아벨리를 효과적으로 이해하는 방식이 아닐까?

흥미로운 것은, 그런 변하지 않는 인간의 본성을 까발리기 위해 마키아벨리가 선택한 방식은 '역사적'이었다는 역설이다. 그는 고대 로마의 스토아 철학자들처럼 인간 본성에 대한 철학적 분석을 시도하지 않았다. 마키아벨리는 방법론적으로 볼 때 '역사학자'였지 '철학자'가 아니었다. 리비우스(Titus Livius, 기원전 59년~기원후 17년)의 역사책을 참고하여 고대 로마의 역사를 주도면밀하게 분석한 책이 마키아벨리가 쓴 『로마사 논고』이고, 피렌체의 지난 역사를 분석함으로써 자기 시대의 피렌체가 당면하고 있던 분열의 문제를 조명했던 책이 『피렌체사』이다. 그는 고대와 현대의 역사를 분석하면서 '인간 일반'을 이해하려고 했다. 『군주론』에서는 그라쿠스 형제, 다리우스 1세, 다비드, 로물루스, 스키피오 아프리카누스, 아가토클레스, 알렉산드로 대왕, 키루스 2세, 카이사르, 히에론과 같은 옛 시대의 영웅들이 끊임없이 열거되고 있다. 또한 체사레 보르자, 지롤라모 사보나롤라, 피에트로 소데리니, 율리우스 2세, 로렌초 데 메디치 등 16세기 어간의 역사에 등장했던 군주와 교황, 그리고 현자와 악당들이 숨 가쁘게 언급되고 있다. 역사를 모르면 마키아벨리의 의도를 알 수 없다는 것은 이제 일반 독자들의 상식이 될 정도이다.

'인간 일반'과 '역사와 시대'의 상호 관계를 인정하지 않았던 마키아벨리가 그토록 '역사와 시대'의 논고와 구체적 사례에 목을 매단 이유는 우리에게 흥미와 관심을 불러일으킨다. 마키아벨리가 우리 시대에 지독한 난독증(Dyslexia)을 불러일으키는 이유는 '역사'의 구체적인 의미와 '인간 일반'이라는 보편적 가치가 상호 충돌을 일으키고 있기 때문이다. 마키아벨리는 자기 시대의 역사를 이야기 하고 있는 것일까? 아니면 시대를 초월하는 '인간 일반'에 대한 이야기를 하고 있는 것일까?

물론 당장 선택할 수 있는 판단의 근거가 전혀 없는 것도 아니다. 마키아벨리는 『로마사 논고』의 서문에서 다수의 독자들이 역사를 통해 얻는 것은 피상적인 지식뿐이라고 갈파하면서, 역사를 다른 눈으로 볼 것을 주문한다. 마키아벨리는 이렇게 말했다.

역사책을 제대로 이해하지 못한 결과, 우리가 그 책을 읽더라도 거기에 담긴 참된 의미나 묘미를 제대로 터득하지 못한 데서도 비롯된다고 믿는다. 이로 인해 다수의 독자들은 단지 그 책들이 담고 있는 다양한 사건에 귀를 기울이는 데에만 즐거움을 느끼고, 그것을 본받으려는 생각은 추호도 하지 않는다.

－『로마사 논고』 서문 중에서

『군주론』에서 '인간 일반'을 보려고 절차탁마(切磋琢磨)를 아끼지 않았던 마키아벨리는 『로마사 논고』에서 "역사의 의미를 제대로 보라."고 독자들을 강권하고 있다. 많은 사람들이 역사의 의미를 '다양함이 주는 재미'에만 두고 있고, 진짜 중요한 역사의 의미를 제대로 본받으려고 하지 않는다고 비판하고 있다.

마키아벨리의 숨겨져 있던 작은 책 『카스트루초 카스트라카니의 생애』에 대한 해제를 쓰고 있는 필자나, 지금 이 글을 읽고 있는 독자는 마키아벨리의 경고를 통해 미리 교훈을 얻어야 할 것이다. 마키아벨리는 시대와 역사를 초월해 있는 '인간 일반'에 관심을 가졌던 인물이다. 『카스트루초 카스트라카니의 생애』도 그렇게 읽어야 할 것이다. 마키아벨리가 이 책을 통해 선사하고 있는 다양한 이야기들의 즐거움에서 벗어나서, 원래 마키아벨리가 이야기하고 싶었던 '인간 일반'에 대해 주목해야 한다는 것이다.

마키아벨리가 살았던
이항대립의 시대

한국에서 마키아벨리의 책을 읽는다는 것은 지난(至難)한 작업이다. 우리 관점이 지배하는 대로 그의 글을 읽고, 대한민국의 정치적 현실과 삶의 정황 속에서 그의 사상을 해독할 가능성이 높기 때문이다. 이른바 '언 발에 오줌 누기식' 독서법이다. 단숨에 권력을 장악하기 위한 새 정권의 정치적 행동을 분석하기 위해서 마키아벨리를 이용하거나 인용하는 방식 또한 위험을 초래한다. 우리의 (현실적인) 정치적 관점이 마키아벨리의 (이상적인) 정치적 관점에 대한 해석을 지배할 가능성이 높기 때문이다. 이것은 꼬리가 몸통을 흔드는 일이다.

단언컨대, 우리는 마키아벨리가 남긴 역사적, 정치학적, 혹은 '인간 일반'에 대한 역사적 성찰을 정확하게 이해하기 힘든 환경에 노출되어 있다. 무엇보다 우리에게는 16세기 유럽인들에게 정치 논리와 도덕의 기준을 제시했던 '기독교 문명' 일반에 대한 이해가 부족하다. 우리는 기독교 문화권이 아니라 유교 문화권에 속해 있다. 이렇게 문화적 토양이 현격하게 다르다보니, 자칫 우리는 마키아벨리를 유교적 정명(正命) 사상의 일탈이나, 공맹(孔孟)의 도덕주의에 대항하는 안티테제로서 읽고 싶은 유혹을 받게 된다. 마키아벨리를 경영학적 관점이나 처세술의 방편으로 읽는 방식의 위험은 더 말할 나위가 없다.

마키아벨리가 그의 저작을 통해 근대적 사고에 기초한 새로운 (정치) 도덕의 기준을 제시했을 때, 16세기 유럽인들과 이탈리아인은 우리가 상상하기도 힘든 엄청난 충격을 받았을 것이다. 왜냐하면 당시 유럽인들과 이탈리아인들은 사상적으로는 '옛 시대'와 '새 시대'라는 극심한 이항대립(Binary Opposition)에 노출되어 있었고(페트라르카), 지리적으로는 '옛 대륙(Old World)'과 '새 대륙(New World)'이라는 전대미문의 극한 대립(크리스토퍼 콜럼버스)에서 새로운 세계관을 모색하고 있었기 때문이다. 당시 유럽인들이 직면하고 있던 이항대립을 가장 적절하게 보여 주는 글은 예수회 선교사로 신대륙의 페루를 향해 선교지로 떠나던 호세 데 아코스타의 글에서 찾아 볼 수 있다.

인도 제도를 지날 때였다. 나는 고대의 철학자나 시인들이 열대 지역에 대해 쓴 책을 읽었던 터라 배가 적도에 이르렀을 때 엄청난 더위가 엄습할 것이라고 확신하고 있었다. 그런데 어찌된 셈인지 생각했던 것과 다른 현상이 나타났다. 나는 추위를 느꼈고 햇볕을 쬐려고 선창으로 나와야 했다. 그때 내가 할 수 있었던 일은 아리스토텔레스의 『기상학』과 그의 철학을 비웃는 것 말고 달리 할 것이 없었다.

기존의 체계가 붕괴되고 있는 이항대립의 시대에 마키아벨리는 새로운 (정치) 도덕의 기준을 제시했고, 그것은 근대적 사상의 기초를 형성하게 된다. 적도를 지나던 예수회 선교사가 언급했던 아리스토텔레스의 『기상학』뿐만 아니라, 『니코마코스 윤리학』도 도전을 받던 시절이었다. 기존의 체계가 흔들리고 세상을 지탱시켜 주던 우주관이 붕괴하던 시점에 마키아벨리는 새로운 (정치) 도덕의 기준을 제시한 것이다.

이러한 마키아벨리의 시대적 상황은 우리에게 오해를 불러일으켰다. 마키아벨리가 지녔던 16세기의 파괴력이나 중요성은 '옛 시대(중세)'와 '옛 대륙(유럽)'이 추구했던 '인간 일반'을 뒤집었기 때문에 초래되었다고 믿게 된 것이다. 그가 제시했던 이상적인 인간은 키케로와 중세 기독교가 주장했던 '자비로운 군주'나 '관후한 군주'가 아니라, "두려움을 느끼게 하는(『군주론』 17장)" 사나운 군주였다. 그래서 우리는 마키아벨리를 '옛 시대'나 '옛 대륙'의 가치에 대항하는 새로운 대안(안티테제)으로서 해석하게 되는 것이다.

그러나 이것은 마키아벨리가 설치해 놓은 교묘한 하나의 덫에 불과했다. 마키아벨리는 새 시대에 적합한 새 인간형을 제시한 것이 아니라, '옛 시대'와 '새 시대'를 초월해서, 항상 존재하고 있는 '인간 일반'을 이야기하고 싶었던 것이다.

마키아벨리는 교묘한 덫을 설치해서 우리를 속이려 들었다. 자기 시대의 이항대립을 극도로 노출시켜, 우리가 무의식중에 둘 중에서 하나를 선택하도록 유도한 것이다. 그는 우리에게서 선택권을 교묘하게 빼앗아 버렸다. 둘 중에 하나를 선택하면 내게 선택의 자유가 있는 것 같은데, 사실은 이 둘 다 이미 선택되어 있는 것이었다. 사실 마키아벨리의 시대는 수많은 이항대립이 난무하던 시대였다. 그 시대의 모든 대립하던 가치와 체계를 이 자리에서 설명하는 것은 시간과 지면의 낭비가 될 것이므로, 여기서는 충돌했던 핵심 가치의 제목만 병렬시켜 본다. 현명한 독자는 이 목록을 보더라도 그 시대가 얼마나 지독한 이항대립의 시대였는지를 알게 될 것이다.

기벨리니(황제/俗) vs. 구엘프(교황/聖)

귀족 vs. 평민(신흥 상공인)

구엘프 흑당 vs. 구엘프 백당(단테)

피렌체 vs. 피사(루카, 시에나)

밀라노(기벨리니) vs. 나폴리(구엘프)

독일(신성로마제국) vs. 프랑스

용병제도 vs. 시민군제

소데리니(공화정) vs. 메디치(참주정)

미켈란젤로(조각) vs. 레오나르도 다빈치(회화)

미켈란젤로(구도) vs. 티치아노(색채)

포르투나(Fortuna) vs. 비르투스(Virtus)

이항대립에 노출되면 우리는 '선택'이라는 유혹에 사로잡
힌다. 선택의 중압감으로 불러도 좋다. 이항대립이 없다면
굳이 선택을 하지 않아도 될 것인데, 두 개의 핵심 가치가 충
돌하고 있으니 각자의 입장에서 최소한 한쪽의 '선택'을 강
요받게 되는 것이다. 황제를 지지했던 기벨리니당은 교황
을 선택한 구엘프 당원을 원수로 여기게 되고, 자기 황제를
위해 목숨을 바쳤다. 마키아벨리의 상관이었던 소데리니는

피렌체를 공화정의 모범으로 이끌려고 했고, 소데리니의 축출을 도모했던 메디치 가문은 참주정의 현신이었다. 귀족은 부와 권력을 지키기 위해 평민 세력과 대립했으니, 이런 이항대립의 연속은 그 시대의 사람들로 하여금 연속적인 선택의 부담감으로 내몰았다. 사실 이것이 변하지 않는 인간의 현실이고, 이러한 선택이 인간의 시대와 역사를 형성해 왔다. 마키아벨리는 이러한 선택의 유혹에 노출되어 있는 인간의 본질을 보여 주기 위해 글을 썼던 것이다.

한국 독자들에게 처음 소개되는 『카스트루초 카스트라카니의 생애』가 바로 그런 마키아벨리의 생각을 잘 반영하고 있는 책이다. 이 책은 루카의 영주였으며 14세기 피렌체를 궁지로 몰아넣었던 토스카나 지방의 기벨리니당의 핵심 지도자였던 카스트루초 카스트라카니라는 인물의 짧은 평전을 담고 있다. 마키아벨리는 피렌체에서, 사랑하는 자기 조국을 공격했던 적장(敵將) 카스트루초에 대한 전기(傳記)를 썼다. 물론 이것은 한 시대를 살았던 한 영웅에 대한 짧은 역사책이다.

그러나 마키아벨리는 이 책을 통해서 시대와 역사의 한계를 극복하려 했고, 이항대립에 노출되어 선택의 유혹에 사로잡혀 있는 우리에게 '인간 일반'의 모습을 보여 주려고 했다. 이 책에서 카스트루초는 이항대립을 넘어서는 '인간 일반'의 이상적인 모습을 보여 주는 영웅의 모습으로 등장한다. 다시 말하자면 『카스트루초 카스트라카니의 생애』는 『군주론』의 실제 모델을 '역사적'으로 제시하는 것이다.

마키아벨리는 말한다. 카스트루초가 보여 준 '비르투스(Virtus)'의 역사도 결국 '포르투나(Fortuna)'의 지배 아래 있었다고! 이것이 바로 내가 말하고 싶은 '인간 일반'의 모습이라고!

이 책의 내용

『카스트루초 카스트라카니의 생애』는 짧은 책이지만 많은 내용을 담고 있다. 이 책의 전체 줄거리는 마키아벨리가 천착했던 포르투나와 비르투스의 이항대립 관계를 극명하게 보여 준다. 마키아벨리는 이 책을 통해서 자신이 바라보았던 그의 시대를 간결하지만 정확하게 요약했으며, 역사를 초월하는 '인간 일반'의 모습을 포르투나와 비르투스의 상관관계 아래에서 설명하고 있다.

이 책은 '루첼라이 정원' 모임의 제자 겸 후원자였던 피렌체의 젊은 귀족 자노비 부온델몬테(Zanobi Buondelmonte)와 시인 루이지 알라만니(Luigi Alamanni)에게 헌정하는 형식으로 시작된다. 16세기의 피렌체 지성인들의 모임이었던 루첼라이 정원은 15세기의 메디치 가문이 이끌었던 플라톤 아카데미를 연상시킨다. 인문학자와 신흥 귀족들의 공부 모임이었던 루첼라이 정원은 지금도 피렌체역 인근에 보존되어 있는데, 바로 그곳에서 마키아벨리가 『로마사 논고』를 처음으로 강독했다. 마키아벨리는 그 공부 모임의 핵심이었던 부온델몬테와 알라만니에게 『카스트루초 카스트라카니의 생애』를 헌정하면서, 앞으로 자신이 집필하게 될 『피렌체사』의 역사 기술 방식을 짧게 선보인 것이다.

잠시 언급한 대로 마키아벨리는 이 책에서 포르투나와 비르투스에 노출되어 있는 인간 일반의 한계를 보여 준다. 카스트루초는 포르투나의 힘이 아니라 비르투스를 통해 입신했던 군주라는 것을 보여 주기 위해서 마키아벨리는 그의 출생을 비천한 영웅의 탄생 이야기로 시작한다. 루카의 한 사제 안토니오 경과 과부였던 그 사제의 여동생 마돈나 디 아노라가 우연히 포도밭에서 아기를 주워 키웠다는 이야기로 극적인 영웅담을 시작하는 방식이다. 물론 이 역경 속에서 자란 아기가 바로 비르투스의 화신인 카스트루초 카스트라카니이다.

양아버지는 카스트루초가 자신의 뒤를 이어 사제가 되길 원했지만, 14살이 되었을 때부터 양아들은 전쟁놀이에 열중했고, 또래 아이들 사이에서 골목대장으로 추앙을 받는 씩씩한 소년으로 성장했다. 헤로도토스의 『역사』 앞부분에 나오는 키루스 대왕의 성장 과정과 거의 흡사하다. 운명(포르투나)은 그를 버렸으나 탁월함을 추구(비르투스)하여 시대의 영웅으로 성장하는 이야기다. 기벨리니당(황제파) 소속으로 밀라노의 비스콘티 밑에서 용병 대장을 맡았던 프란체스코 귀니지 경은 루카의 광장에서 전쟁놀이를 하면서 나이에 맞지 않는 리더십을 발휘하던 카스트루초를 발견하고 그를 양자로 입양하게 된다. 자기 용병 부대의 지휘관으로 키울 참이었다. 카스트루초가 18살 때의 일이다.

용병 대장의 양자로 입양된 카스트루초는 말(馬)과 무기를 다루는 실력이 뛰어났을 뿐 아니라 겸손한 태도로 루카 사람들의 칭송을 받았다. 연로했던 프란체스코 귀니지는 임종을 앞두고 자신의 어린 아들 파골로 귀니지를 카스트루초에게 맡기면서, 집안의 살림살이와 보호도 함께 부탁한다. 카스트루초는 주군의 아들 파골로를 양아들로 삼았다. 이런 카스트루초의 승승장구는 일부 루카 사람들의 시기심을 촉발했고 루카의 구엘프(교황파)당 수장이었던 조르조 델리 오피치 경은 그를 제거하기로 결심한다. 루카에서 기벨리니당과 새로운 경쟁자를 동시에 물리치기 위한 계략이었다.

루카는 '피사의 사탑(斜塔)'으로 유명한 항구도시 피사와는 지척의 거리에 있다. 당시 피사의 용병 대장은 아레초 출신의 우구치오네였다. 우구치오네가 실질적으로 통치하던 피사에서는 기벨리니당이 우세했는데, 카스트루초는 인근 도시인 피사의 수장 우구치오네와 밀약을 맺고, 루카에서 조르조와 구엘프당을 몰아내기로 한다. 우구치오네가 피사의 군대를 이끌고 루카로 진격하는 동안, 카스트루초는 루카 내부에서 기벨리니 당원들을 모아 반란을 일으키고 성문을 열어 주기로 했다. 루카에서 구엘프당을 축출하기 위한 공동 군사작전은 성공을 거두었다. 조르조는 죽임을 당했고, 살아남은 일부 구엘프 당원들은 피렌체로 도주했다. 피렌체에는 구엘프당이 정국의 주도권을 쥐고 있었기 때문에, 향후 이 문제는 마키아벨리가 활동하던 시대에까지 영향을 미치게 된다. 구엘프당의 피렌체와 기벨리니당의 피사(루카와 시에나 포함)가 정치적 갈등을 일으키면서 피렌체 – 피사 간의 전쟁이 마키아벨리 시대의 최대의 정치 현안이 되기도 했다.

　피렌체로 도피했던 루카의 구엘프당 인사들은 피렌체와 인근 구엘프당이 주도하는 도시국가들과 연합하여 대규모 전쟁을 일으키게 된다. 피사 – 루카 연합군을 이끌던 우구치오네는 롬바르디아에서 활약하던 독일 용병까지 고용하면서 파상적인 공세를 퍼부었지만, 계속된 전투 때문에 과로로 병이 들고 말았다. 그때부터 피사 – 루카의 기벨리니당 부대는 카스트루초의 지휘를 받게 된다. 카스트루초의 명성은 피렌체 구엘프당 군대와의 전쟁에서 보여 준 탁월한 지휘 능력 때문에 세상에 널리 알려지게 되었다. 자신의 주력 부대를 피렌체 진영 좌우 날개에 배치하고 협공으로 중앙에 몰려 있던 적의 주력 부대를 섬멸하는 과감한 작전을 펼친 것이다. 첫 번째 전투에서 피렌체 군대는 1만 명이 섬멸당한 반면, 카스트루초가 이끌던 기벨리니 부대는 불과 300명의 희생자만 냈을 뿐이었다.

전쟁에서 혁혁한 공을 세우면서 승리를 거두었지만 카스트루초에게는 다시 위기가 닥친다. 자기 편이었던 피사의 용병 대장 우구치오네가 카스트루초를 견제하기 시작한 것이다. 군대의 지휘권을 넘긴 다음부터 카스트루초가 너무 승승장구하자 본능적으로 견제 심리가 발동한 것이다. 마침 루카에서 주요 인사 한 사람이 암살당하는 사건이 발생했는데, 카스트루초는 그 암살자에게 은신처를 제공해 주었고 루카에서 피신할 수 있도록 도와주었다. 우구치오네는 이 사건을 빌미삼아 카스트루초를 제거키로 한다. 당시 루카를 실질적으로 통치하고 있던 영주는 우구치오네의 아들 네리였다. 그는 아들 네리에게, 암살자를 도피시킨 카스트루초를 체포한 다음 현장에서 처형시키라는 지시를 내렸다. 루카 시에서 주관하는 대규모 연회에 초청해서 카스트루초를 안심시킨 다음, 바로 실행에 옮기라는 구체적인 실행 계획까지 알려 주었다.

그러나 아들 네리는 카스트루초를 체포하는 데에는 성공했지만, 현장에서 반드시 죽여 버리라는 아버지의 명령을 실행에 옮기지 못했다. 마키아벨리가 『군주론』 등에서 여러 차례 반복해서 경고했던 부적절한 군주의 전형적인 모습을 보여 준 것이다. 실행에 옮길 만한 용기와 담력이 없어서 어떤 결정도 내리지 못하는 유약한 군주야말로 마키아벨리가 늘 경계하던 지도자의 모습이었다. 우구치오네는 아들의 우둔함을 한탄하면서 즉각 피사의 주력 기사 400명을 대동하고 루카로 진격한다. 카스트루초는 체포당해 있었지만, 피사의 군대가 다가오고 있다는 사실을 알게 된 루카 시민들이 반란을 일으키고, 결국 카스트루초는 자유의 몸으로 풀려난다. 카스트루초는 루카 군대를 재조직하여 피사의 군대와 맞서게 되고, 패전한 우구치오네는 롬바르디아로 피신했다가 그곳에서 비참한 최후를 마치게 되었다.

이제 카스트루초는 정식으로 루카의 용병 대장으로 임명되었다. 당시 이탈리아에서 작은 도시국가의 용병 대장이 된다는 것은 그 도시를 통치하는 군주가 된다는 뜻이었다. 그러나 카스트루초는 처음부터 루카의 영주가 되겠다는 계획을 실현에 옮기지 않고, 먼저 무공(武功)을 쌓아 루카 시민들의 지지를 얻고 자연스럽게 권력의 정점에 오르기로 한다. 이것은 로마제국 시대의 황제나 장군들이 일반적으로 취하던 입신의 지름길이었다. 카이사르도 지금의 프랑스 지역인 갈리아를 정복하면서 인기와 지지를 얻고, 그 여세를 몰아 로마를 차지하게 된다. 카스트루초도 군대를 이끌고 마사, 카라라, 라벤자, 폰트레몰리 등을 차례로 점령하고 루카 시민들의 영웅이 되었다. 루카의 카이사르가 등장한 셈이다. 당당한 개선장군의 모습으로 루카로 귀환한 카스트루초는 귀족 가문의 지지를 받으며 영주로 취임하게 된다. 카스트루초는 이 과정에서 시민을 위한 무력시위와 귀족을 설득하기 위한 계략을 동시에 구사했다. 전쟁에서 승리함으로써 시민들의 절대적인 지지를 얻어냄과 동시에, 주요 귀족들에게는 뇌물을 주고 영주 임명에 대한 지지를 얻은 것이다. 마키아벨리에 의하면 이런 계략도 비르투스의 한 일환이었다.

한편 신성로마제국의 황제였던 바바리아의 프레데릭이 이탈리아로 입국하자, 기벨리니 국가인 루카의 영주 카스트루초는 황제와 우호적인 외교 관계를 맺게 된다. 황제는 카스트루초를 피사의 영주로 공식 임명하고 독일로 귀환했다. 이제 이탈리아의 정세는 북쪽 밀라노의 통치자 마테오 비스콘티와 토스카나 지역을 통치하는 카스트루초의 기벨리니 세력, 그리고 구엘프 세력의 맹주였던 나폴리(King Robert), 로마(Henry), 피렌체로 양분되어 있었다. 다시 말하자면 밀라노와 루카의 북쪽 지역과 피렌체, 로마, 나폴리의 남쪽 지역이 각각 황제파(기벨리니당)와 교황파(구엘프당)으로 분열된 것이다.

이 두 세력 집단은 피아첸차(Piacenza)를 두고 정면충돌하게 되고, 토스카나의 기벨리니당을 대표하던 카스트루초는 북쪽에 있는 비스콘티를 측면 지원하기 위해 직접 피렌체 공격을 감행하게 된다. 이탈리아반도에서 기벨리니당과 구엘프당의 전면전이 시작된 것이다. 그 전면전의 최전방 전투에 카스트루초가 개입되어 있었다.

카스트루초가 피렌체와의 전쟁을 위해 루카를 잠시 비운 사이, 그의 후견자였던 포조 가문의 사람들이 갑작스러운 반란을 일으켰다. 카스트루초가 임명했던 루카 행정관을 살해하고 대규모 폭동을 일으키려고 했으나, 그 집안의 원로였으며 카스트루초와 오랜 친구였던 스테파노 디 포조(Stefano di Poggio)가 그 반란을 진정시키고 카스트루초의 용서와 사면을 구한다. 반란 소식을 듣고 루카로 급거 귀국한 카스트루초는 화해를 요청하는 스테파노의 간청을 들어주는 척하면서 포조 가문의 사람들을 모두 집결시킨 다음, 한 사람도 남김없이 사형에 처해 버렸다. 『군주론』에 등장하는 체사레 보르자의 책략을 실제 사례로 보여 준 것이다. 포조 가문의 반란 사건은 카스트루초로 하여금 누구도 신뢰하지 않겠다는 그의 결심을 굳히게 만드는 계기가 되었다. 남의 힘이나 자비를 믿지 말라고 주장했던 마키아벨리의 『군주론』 핵심 내용이 이 책에서도 다시 반복되고 있다. 『군주론』 제7장에 나오는 내용이다.

카스트루초는 피렌체와의 결전이 불가피하다고 판단했지만 일단 2년간의 휴전 협정을 체결한다. 그 사이 루카와 피렌체 사이에 있는 피스토이아를 점령하여 장차 치르게 될 피렌체와의 전면전을 위한 교두보를 마련키로 했다. 카스트루초의 비르투스는 피스토이아를 점령하는 과정에서 잘 나타난다. 그는 언제나 계략과 무력을 적재적소에서 동시에 활용했다. 계략으로 충분하다면 무력을 사용하지 않았으며, 무력으로 충분하다면 계략을 사용하지 않았다. 물론 필요하다면 계략과 무력을 동시에 사용하는 방법도 주저하지 않았다. 이것이 바로 카스트루초가 보여 준 비르투스의 핵심이었다. 아니 이 책의 저자인 마키아벨리가 보았던 비르투스의 단면인 것이다.

당시 피스토이아는 구엘프당이 내분을 겪으면서 흑당과 백당으로 도시가 분열되어 있었다. 이 두 파벌의 당수들은 각각 카스트루초에게 은밀히 전령을 보내 자기 세력을 지지해 달라고 요청했다. 그러자 카스트루초는 한 당수에게는 자신이 직접 피스토이아로 진격하여 도와주겠다고 하고, 또 다른 당수에게는 자신의 양아들인 파골로(프란체스코의 아들)를 보내겠다고 밀약을 맺는다. 결국 카스트루초의 계략에 속아 넘어간 피스토이아의 두 당수는 성문을 양쪽에서 열었고, 양쪽 성문을 통해 각각 도시로 진입한 카스트루초와 파골로의 군대는 단숨에 피스토이아를 점령해 버린다. 이제 카스트루초는 루카와 피사, 그리고 피스토이아를 모두 차지하게 되고, 토스카나 지역의 권력을 놓고 구엘프당의 피렌체와 치열한 세력 다툼을 벌이게 된다.

이런 와중에 신성로마제국의 권력이 지배하던 로마에 갑작스런 위기가 닥쳤다. 당시 교황청은 로마와 아비뇽으로 각각 분열되어 있었다. 로마는 신성로마제국의 황제가 임명한 헨리가 통치하고 있었다. 그러나 로마의 물가가 폭등하면서 시민들의 소요 사태가 계속 발생했고, 황제의 대리인이었던 엔리코는 그 소요 사태를 진정할 능력이 없었다. 결국 엔리코는 로마 시민들이 나폴리의 왕 로베르토에게 간

청하여, 아비뇽에 있던 교황청을 로마로 복귀시켜달라고 간청할까 봐 걱정했다.

이에 엔리코는 기벨리니당의 맹주였던 카스트루초에게 도움을 청한다. 로마의 폭동 사태를 진정시켜달라는 것이었다. 카스트루초에게는 어려운 선택이 남게 되었다. 그러나 카스트루초는 로마로 단숨에 진격하여 사태를 진정시킨다. 피사 평원에서 수확한 많은 양의 밀과 곡식을 배에 싣고 가서 단숨에 날뛰던 로마 물가를 잡고, 카스트루초는 로마 시민들의 영웅이 되었다. 카스트루초는 명예로운 로마 원로원으로 임명되었고, 그가 입고 있던 토가의 앞면에는 "하느님이 원하신다."가, 그리고 뒷면에는 "하느님이 원하시는 것은 그대로 되리라."라는 문장이 박혀있었다. 황제파의 영주였던 카스트루초가 교황파의 안마당에서 로마 원로원으로 임명된다는 것은 그야말로 천지가 개벽할 사건이었다. 카스트루초는 실리와 명분 쪽에서 어느 쪽을 선택할 것인가의 기로에서 설 때마다 유연한 사고와 행동을 할 수 있는 인물이었다. 마키아벨리는 카스트루초의 이런 모습을 통해 비르투스의 전형적인 모습을 보여 준다.

한편 피렌체인들은 카스트루초가 로마에 체류하고 있을 동안 토스카나 지방의 세력 재편을 시도한다. 피렌체에 피신해 있던 피스토이아의 구엘프 당원들이 고향 사람들을 설득하여 카스트루초의 행정관들을 살해하고 반란을 시도한 것이다. 로마에서 피스토이아의 반란 소식을 접한 카스트루초는 일단 루카로 급거 귀환하여, 반란의 배후 세력이었던 피렌체와의 일전을 준비한다. 3만 명의 피렌체 군대가 서진(西進)하고, 1만 2,000명의 루카 군대가 동진(東進)하면서 가운데 있던 작은 도시국가 세라발레가 두 군대의 격전지가 된다. 피사–루카와 피렌체 사이에 위치해 있던 세라발레라는 작은 도시국가는 전통적으로 중립국의 입장을 유지했다. 카스트루초는 세라발레의 깊은 협곡을 이용하여 피렌체 군대를 격퇴하는 것이 최선의 선택이라고 판단했다. 평원에서 전투를 벌이면 루카의 군인들이 월등한 숫자를 가진 피렌체 군대를 보고 사기가 위축될 것이기 때문이다. 카스트루초의 작전이 주효했다. 루카의 군대는 세라발레 협곡에서 피렌체 군대를 격파하고 계속 전진하여 프라토까지 점령하는 데 성공한다. 피렌체에서 불과 4~5킬로미터 정도 떨어진 곳까지 루카의 군대가 주둔하게 된 것이다.

코앞에까지 밀어닥친 적의 공세에 피렌체인들은 다시 나폴리의 왕 로베르토에게 도움을 청한다. 아예 나라의 통치권을 통째로 넘겨 줄 테니 카스트루초와 루카 군대를 막아 달라고 간청하게 되고, 로베르토는 그 제의를 수락한다. 로마를 점령하기 위해 카스트루초와 손을 잡았던 로베르토는 이제 다시 카스트루초의 적이 된 것이다. 풍전등화의 위기였지만 다행스럽게도 피렌체에 행운이 찾아왔다. 피사에서 또 다른 반란이 일어났고 카스트루초는 그 문제를 해결하기 위해 피사로 다시 귀환해야만 했던 것이다. 예상치 못한 시간을 벌게 된 행운의 피렌체는 대규모 군대를 동원하여 피사로 진격한다. 피사로 흘러가는 아르노강의 강둑이 길게 뻗어 있는 푸체키오에서 벌어진 '1328년의 푸체키오 대혈투'는 이렇게 시작되었다. 군사작전의 귀재였던 카스트루초는 아르노 강둑의 미끄러운 진흙을 이용하여 피렌체 기마병과 보병을 궁지로 몰아넣는다. 그리고 미끄러운 진흙 강둑을 벗어나지 못하도록 피렌체 군대를 계속 아르노강에 묶어두는 작전을 구사했다. 이 전투에서 2만 231명의 피렌체 군이 전사했고, 카스트루초는 1,570명을 잃었다.

완벽한 승리를 거두었지만 포르투나는 카스트루초를 향한 미소를 갑작스럽게 거두어 버린다. 마지막 전투를 마치고 군대의 귀환을 기다리던 카스트루초는 과로와 열에 시달리다가 뜻하지 않는 죽음을 맞이한다. 전투를 앞둔 위대한 장군은 "항상 제일 먼저 말에 오르고, 전투를 마치면 제일 마지막에 말에서 내려야 한다."는 것을 카스트루초는 기억했다. 전투를 마치고 돌아오는 병사를 격려하기 위해 기다리다가, 피사 평원에 몰아닥친 삭풍을 견디지 못하고 감기가 들어 최후의 순간을 맞게 된 것이다.

마키아벨리는 『카스트루초 카스트라카니의 생애』의 마지막 부분을 유언과 격언 모음으로 장식한다. 죽음을 앞둔 카스트루초는 자신의 양아들이었던 파골로(프란체스코의 아들)에게 감동적인 유언을 남긴다. 모든 전투에서 최선을 다해 싸우고, 비르투스의 전형적인 삶을 살기 위해 노력했으나 결국 포르투나에 의해 지배되었던 자신의 삶을 회고하면서, 죽음을 앞둔 위대한 장군은 이 행운의 여신이 가진 강력한 파괴력을 기꺼이 인정한다. 그는 '용기를 가진 자'로 변화무쌍한 포르투나를 적절하게 통제하기 위해서 노력해 왔다고 고백한다. 그러나 이 행운의 여신의 힘은 너무나 강력해서 자신도 통제하지 못했다는 것이다. 양아들인 파골로를 지키기 위해 결혼까지 포기할 정도로 그는 철저하게 포르투나와 맞섰다. 파골로에게 넓은 영토를 물려주기 위해서 혼신의 노력을 기울였지만 모든 꿈은 완결된 것이 아니었다. 오히려 분쟁의 가능성만 더 커져 버렸다. 새로 차지한 도시들은 반란을 획책하기에 바쁘고, 같은 기벨리니당인 밀라노와 신성로마제국도 믿을 수 없는 것은 마찬가지다. 어제의 적은 오늘의 동지가 되고, 오늘의 동지가 내일의 적이 되는 세상인 것이다. 결국 카스트루초는 양아들에게 마지막 유언을 한다. 루카, 피사, 피스토이아인들이 언제나 등 뒤에서 칼을 꽂을 수 있다는 것을 잊지 말고, 밀라노와 신성로마제국을 절대로 신뢰하지 말라고 당부한다. 수차례 전쟁을 치러야만 했던 피렌체인들도 경계의 대상인데, 결국 그들과는 화친을 맺는 것이 최선의 방책이 될 것이라는 의외의 조언해 준다. 카스트루초는 파골로에게 "너 자신을 알라."는 말의 중요성을 상기시키면서, 만약 너 자신이 무력을 구사하는 것에 자신이 없으면, 이웃이나 경쟁자들과 함께 "평화롭게 사는 기술"을 구사하는 것이 더 나은 생존의 방책이라고 일러 준다. 이것이 바로 진정으로 나라를 지키는 방식이라고 말하고 숨을 거둔다. 카스트루초의 시신은 루카의 산 프란체스코 성당에 매장되었다.

마키아벨리의 거짓말

『카스트루초 카스트라카니의 생애』에 나오는 많은 이야기는 조작되었거나 역사적 사실과 다르게 기술되었다. 카스트루초의 신비로운 출생 이야기부터 조작된 것이다. 그는 루카의 사제와 과부였던 그 사제의 여동생이 우연히 포도밭에서 주워 키운 아기가 아니었다.

카스트루초는 루카의 부유한 상인의 아들로 태어났으며, 앙코나에서 부친이 사망한 후 향료와 비단을 파는 상인으로 잠시 활동했고, 한때는 환전 업자이기도 했다. 1302년 영국으로 건너간 그는 헨리 2세의 궁정에서 지냈으며 살인죄로

런던 타워에 투옥되었다가 탈주하여 플랑드르로 도피했던 전력을 가지고 있다. 1303년부터는 프랑스의 왕 필립(Philip the Wise)의 용병으로 참전했고, 그 인연으로 프랑스의 전통적인 우방국가였던 피사에 정착하게 된다. 그는 신성로마제국의 황제였던 헨리 7세의 후원을 받아 1314년 4월에, 마침내 고향 루카로 귀환했다.

여기서부터 마키아벨리의 『카스트루초 카스트라카니의 생애』에 기록되어 있는 역사적 사실과 연결되기 시작한다. 1315년에 피사의 용병 대장이었던 우구치오네의 휘하에서 몬테카티니 전투를 승리로 이끌게 되는데, 마키아벨리는 이 사건을 카스트루초 생애의 초반에 배치했다. 마키아벨리가 보고하고 있는 혁혁한 승전보와는 달리, 카스트루초는 이 전투에서 심각한 부상을 입기도 했다.

신성로마제국의 황제 프레데릭(Frederick of Bavaria, 1339~93년)이 이탈리아로 입국해 기벨리니 군대의 사령관이었던 카스트루초를 피사의 영주로 임명했다는 마키아벨리의 보고는 역사적 사실이 아니다. 카스트루초를 피사의 영주로 임명한 사람은 오스트리아의 프레데릭 3세(1286~1339년)였다.

그가 피사의 영주로 임명되었다는 것도 사실과 거리가 있다. 그는 갓도 델라 게라르데스카와 밀약을 맺고 1316~17년 사이에 우구치오네를 몰아내는 반란을 일으켰다.

카스트루초가 마지막 임종을 맞이하는 장소와 시간도 역사적 사실과 다르다. 마키아벨리는 피사 평원에 펼쳐져 있는 푸체키오에서 피렌체군과의 전투를 마치고 부하들을 환영하기 위해 기다리다가 감기에 걸려 최후를 맞이했다고 기록하고 있지만, 사실 그는 1328년 9월, 루카에서 임종했다. 반란을 일으킨 피스토이아를 진압하기 위해 과로를 했다가 병에 걸려 죽은 것이다.

마키아벨리는 이 사건 이후에 푸체키오 전투를 마치고 죽었다고 보고하고 있다. 마키아벨리가 카스트루초의 장엄한 죽음을 기록했던 푸체키오 전투는 1328년의 사건이 아니라, 1323년에 일어난 사건이었다. 마키아벨리는 카스트루초의 죽음조차 역사적 사실을 왜곡하는 허구의 이야기로 미화시켰던 것이다.

그렇다면 왜 마키아벨리는 이 책에서 역사적 사실과 허구적인 상상력을 마구 뒤섞어 놓은 것일까? 마키아벨리가 카스트루초의 생애를 정확하게 파악할 수 있는 역사적 사료가 부족했던 것일까? 아니면 루카와 피사 등지에서 떠돌아다니던 전설적인 영웅담을 모아서 교훈적 가치로만 삼고자 했던 것일까? 아니면 르네상스라는 시대정신에 걸맞게 플루타코스의 『영웅전』과 같은 고대 작가의 책을 모방하려고 했던 것일까?

『카스트루초 카스트라카니의 생애』 마지막 부분을 장식하고 있는 일화와 격언 모음집은 그가 분명히 고대 로마 작가의 흉내를 내고 있다는 것을 반증하고 있다. 키루스 대왕의 전기라고 할 수 있는 크세노폰의 『키루스의 교육』에서도 책의 말미에 이런 일화와 격언 모음집이 나온다.

그러나 마키아벨리는 카스트루초의 생애를 재구성하면서 단순히 역사적 사료가 부족했거나, 교훈적 가치만 생각하면서 과감한 각색을 시도했거나, 단순히 고대 작가의 흉내만을 낸 것이 아니다. 철저한 수사학적 계산과 치밀한 작품 계획을 통해 마키아벨리는 자기 시대를 향해 꼭 들려주고 싶은 이야기를 만들어 낸 것이다. 그것은 '인간 일반'에 관한 자신의 성찰이었다.

『로마사 논고』와 『피렌체사』에 등장하는 카스트루초

마키아벨리는 자신이 쓴 다른 책, 『로마사 논고』와 『피렌체사』에서 여러 차례 카스트루초를 언급했다. 그리고 이런 책에서 보고되는 카스트루초의 모습은 『카스트루초 카스트라카니의 생애』에 기록된 내용과 전혀 다르다. 『로마사 논고』에서 논의되는 카스트루초에 대한 첫 번째 언급은 제2권 9장에서 나온다. 강대국들 사이에서 전쟁이 일어나는 이유를 밝히는 부분에서 그의 이름이 짧게 언급되고 있다. 마키아벨리는 이 책에서 스스로 방어의 능력이 없는 약소국이 강대국에서 나라의 보호를 의탁하는 사례를 설명하면서, 나폴리의 왕 로베르토에게 나라를 맡겼던 피렌체인들의 행동을 설명한다. 이 과정에서 '루카의 카스트루초'가 간략히 언급되어 있는데, '피렌체를 수중에 넣고자 했던' 인물로 묘사된다. 또 다른 언급은 제2권 12장에서 찾아볼 수 있다. 적의 공격이 임박했을 때 먼저 선제 공격을 하는 것이 유리한지, 아니면 성 안에서 기다리고 있는 것이 더 현명한 판단인지를 논하는 자리에서 카스트루초가 다시 언급되고 있다. 역시 여기서 카스트루초는 '피렌체 영내에 들어가 전쟁을 벌인' 인물로 묘사된다.

마키아벨리가 말년에 쓴 『피렌체사』에서 보다 자세한 카스트루초에 대한 기록을 찾아볼 수 있다. 먼저 제2권 26~27장에서 카스트루초는 토스카나 지방에서 기벨리니당의 맹주였다는 역사적인 평가를 받고 있다. 피렌체인들은 그를 견제하기 위해서 12명의 '선한 사람들(Good Men)'을 선정하고 전쟁의 지휘 책임을 맡겼다. 피렌체를 접수하고 방어를 책임지던 나폴리의 로베르토 왕이 물러나자 카스트루초는 프라토를 공격하여 점령하게 된다. 위기를 느낀 피렌체인들은 2만 명의 보병과 1,500명의 기병을 모집하여 프라토 외곽을 에워싸고, 프라토성 내의 구엘프 당원들에게 내부에서 반란을 일으키면 카스트루초에게 빼앗긴 모든 재산과 명예를 회복시켜 주겠다고 약속한다. 그동안 카스트루초로부터 추방의 고통을 겪었던 4,000명의 프라토 구엘프 당원들이 이 약속을 믿고 궐기하게 된다. 카스트루초는 여기에 놀라 루카 철수를 결정했다. 이 책에서는 피사에 반란이 발생하여 철수한 것으로 기록되어 있다.

마키아벨리는 『피렌체사』를 피렌체의 관점에서 기록하고 있기 때문에, 루카에서 급거 철수했던 카스트루초의 결정이 피렌체의 반격과 프라토 내부의 반란 때문이었다고 보고하고 있다. 사실 마키아벨리의 관심은 카스트루초에게 있는 것이 아니라, 그 사건 다음에 일어났던 피렌체 귀족 계급과 평민 계급 간의 갈등 구조였다. 평민들은 철수하고 있는 카스트루초를 추격하여 복수를 하자고 주장한 반면, 귀족 계급은 더 이상의 확전을 회피코자 했다. 그러자 프라토성 안에서 목숨을 걸고 반란을 일으켰던 프라토 구엘프 당원들은 무기를 들고 피렌체로 진입하여, 약속했던 보상을 해 달라고 요구한다. 피렌체의 귀족 계급들은 그들의 요구를 가까스로 무마하지만 외부 세력이 무장을 한 채 피렌체로 난입하게 된 경위를 조사하게 되고, 결국 비밀투표를 거쳐 이 사건의 책임자가 벌금형을 받게 되는 것으로 사건이 종결된다. 마키아벨리는 이런 사태의 추이를 자세하게 분석하고 있다.

『피렌체사』 제2권 29~30장에서 카스트루초의 이야기가 다시 이어진다. 여기에는 1325년의 알토파시오 전투의 전후 사정이 기록되어 있다. 피스토이아를 점령한 카스트루초의 세력을 견제하기 위해 피렌체에서 파견한 2만명의 보병과 3,000명의 기병이 알토파시오를 점령한다.

그러나 피렌체의 사령관은 실력이 출중하지 못한 반면, 밀라노의 비스콘티로부터 원조를 약속받은 카스트루초는 교묘한 전술과 강력한 무력으로 피렌체 군대를 격파하는 데 성공한다. 결국 피렌체 사령관은 작전 실패의 책임을 지고 처형을 당하고, 카스트루초는 피렌체 주위 도시를 계속 약

탈하게 된다.

계속되는 제2권 30장에서는 1326년부터 1328년까지의 사건들이 기록되어 있다. 카스트루초 군대의 공격과 수탈에 부담을 느낀 피렌체인들은 다시 나폴리의 찰스 공작에게 보호를 의뢰한다. 찰스는 칼라브리아의 공작으로, 로베르토 왕의 아들이다. 시칠리아 전투를 수습한 찰스는 1326년 7월에 피렌체로 입성하게 된다. 구엘프 세력의 피렌체 진입에 놀란 밀라노의 갈레아조 비스콘티(Galeazzo Visconti)는 구엘프당의 득세를 막기 위해 신성로마제국의 황제인 바바리아의 루드비히(Ludwig of Bavaria)에게 도움을 청하고, 이탈리아로 내려온 황제는 피사에서 카스트루초를 영주로 임명하게 된다. 피렌체를 통치하던 찰스는 자국의 문제를 해결하기 위해 나폴리로 돌아가고, 피사의 영주였던 카스트루초는 피스토니아를 점령하게 된다.

이 점령 과정에서 과로했던 카스트루초는 루카에서 마지막 임종을 맞게 된다. 행운의 여신 포르투나는 카스트루초뿐만 아니라, 나폴리의 찰스의 목숨도 함께 거두어 간다. 이렇게 해서 피렌체와 루카, 구엘프당과 기벨리니당 사이의 갈등은 전혀 예상치 못한 채 평화의 시기를 맞게 된다는 것이 마키아벨리의 핵심 주장이다. 이 평화기에 두 도시는 나라의 체계를 다시 갖추게 되었고, 귀족 계급과 평민 계급 사이의 공존이 시도되게 되었다는 것이다. 예상하지 못한 두 사람의 죽음이 피렌체라는 나라가 체계를 갖추고 귀족 계급과 평민 계급의 갈등이 해소되는 결과를 초래하게 된 것이다.

마키아벨리의 숨겨진 의도는
무엇이었을까?

『로마사 논고』와 『피렌체사』를 통해서 우리는 마키아벨리가 카스트루초에 대한 비교적 상세한 역사적 정보를 가지고 있었다던 것을 확인할 수 있다.

비록 카스트루초는 14세기의 인물이었지만 마키아벨리는 빈번한 피사와 루카 출장길에서 그에 대한 상세한 역사 자료를 확보한 것으로 보인다. 특별히 1520년 7월과 8월 사이, 루카의 부호(富豪)이자 역사적인 영주 가문에 속했던 미켈레 귀니지의 파산 사태 때, 피렌체 상인 친구들을 대표하여 법률적인 문제를 해결하기 위해 루카에 체류하면서,

카스트루초에 대한 상세한 정보를 모은 것으로 보인다. 『카스트루초 카스트라카니의 생애』는 이 시기에 루카에서 집필된 책이다.

『로마사 논고』에서는 비교적 간략하게 카스트루초를 다루고 있으나, 『피렌체사』에서는 프라토를 점령했던 카스트루초가 후퇴를 결정한 계기를 피렌체 귀족들로부터 보상 약속을 받은 구엘프당의 반란 때문이라고 기록하고 있다.

반면에 『카스트루초 카스트라카니의 생애』에서는 피사에서 반란이 일어났기 때문에 카스트루초는 철수했어야만 했다고 기록하고 있다. 카스트루초의 죽음에 대해서도 『피렌체사』는 정확하게 연도와 장소, 그리고 이유를 대면서 사실적으로 그 전후 과정을 설명하고 있다.

그러나 『카스트루초 카스트라카니의 생애』에 보고되고 있는 그의 죽음은 영웅의 장엄한 최후였다. 『피렌체사』에 기록된 그의 죽음이 역사적 사실이라면, 『카스트루초 카스트라카니의 생애』 마지막 부분에 등장하는 감동적인 유언은 카스트루초가 한 말이 아닐 확률이 높다.

우리에게 남겨진 의문은 이것이다. 왜 마키아벨리는 카스트루초의 행적에 대한 역사 정보를 가지고 있었음에도 불구하고, 사실을 왜곡하면서 그의 생애를 영웅담의 형식으로 꾸몄을까? 마키아벨리는 카스트루초의 생애와 죽음, 그리고 유언을 각색하면서 어떤 기대 효과를 계획했을까?

마키아벨리는 분명히 속임수를 썼다. 그는 역사적 사실을 왜곡하는 것을 조금도 주저하지 않았다. 『로마사 논고』에 등장하는 카스트루초는 '피렌체를 수중에 넣고자 했던' 인물이거나 '피렌체 영내에 들어가 전쟁을 벌인' 인물일 뿐이다.

그리고 『피렌체사』에 등장하는 카스트루초는 토스카나 지역에서 기벨리니 세력을 대표하는 적국의 장군으로 기록되어 있는 반면, 『카스트루초 카스트라카니의 생애』에서는 완벽한 영웅의 모델로 추앙되고 있다. 영웅의 모델을 상정하고 쓴 책이라면 마키아벨리의 『군주론』을 빼놓을 수 없을 것이다.

그러나 『군주론』에서 영웅으로 추대된 인물역시 대부분

가상의 인물이었다. 페르시아의 키루스 2세를 제외한 모세, 테세우스, 그리고 로물루스는 모두 종교적 영웅이거나 신화 속의 인물이었다(『군주론』 6장). 가공의 세계에 등장하는 영웅을 이상적인 모델로 제시했다는 것은 카스트루초를 가공의 역사에서 영웅으로 추대한 것과 맥락을 같이한다.

마키아벨리는 왜 속임수를 쓰면서 그의 시대를 분석하기 위한 영웅담을 제시했을까? 왜 마키아벨리는 가공의 인물을 내세워 메디치 가문의 사람들과(『군주론』의 경우) '루첼라이 정원'의 친구들(『카스트루초 카스트라카니의 생애』)에게 영웅의 모습을 제시하고 있는 것일까?

마키아벨리가 살았던 피렌체라는 공간은 속임수의 공간이었다. 레온 바티스타 알베르티와 브루넬레스키, 그리고 그들의 친구였던 도나텔로와 마사초에 의해 3차원의 눈속임(트롱프뢰유, Trompe-l'oeil)의 기법이 개발된 곳이 바로 피렌체란 르네상스의 도시였다. 산타 마리아 노벨라 성당의 「성삼위일체」는 분명히 2차원 벽면에 그려진 것이지만 마치 3차원 공간에 구현된 것 같은 착각을 불러일으켰다.

정치적 속임수도 횡횡하던 곳이다. 15세기의 메디치 가문은 공화정을 가장한 참주정으로 도시를 이끌었고, 르네상스의 도시 한복판에서 지롤라모 사보나롤라는 중세의 광기를 재현하는 속임수를 부렸다. 사보나롤라의 화형 이후에 등장한 소데리니의 민주정은 특유의 나약함으로 이탈리아와 주변 국가들의 동네북 신세를 면치 못했다.

마키아벨리는 피렌체 공화정의 제2서기장으로 동분서주했지만 그가 발견했던 세상은 기만과 술책으로 가득한 곳이었다. 교황은 교활했고, 교황의 아들은 난폭한 무력으로 사람들을 공포에 몰아넣었으며, 수염을 기른 또 다른 교황은 직접 군복을 입고 전쟁을 일으키는 배반이 역사를 보여 주었다. 교황이 군복을 입고 창검을 들어야 했던 지독한 속임수의 시대였던 것이다.

마키아벨리 개인의 삶은 더 비참한 속임수로 점철되었다. 한때는 황제와 교황의 대화와 협상의 상대였으나, 1512년부터는 산탄드레아의 시골 농부들과 술주정을 부리며 살아가는 한심한 신세로 전락한다.

그는 고급 행정 관료였고, 군사 전문가이며, 시인이었고, 촌철살인의 희곡 작가였으며, 동시에 바람둥이였다. 그의 연극 「만드라골라」에 나오는 리구리오처럼, 속임수로 빌어먹고 사는 건달로 살아야만 했다. 그가 쓴 책은 사실이 아닌 내용이 많아 사람들에게 혼란을 초래했고, 결국 그 속임수에 자기 자신이 희생을 당하게 된다.

오늘날 '마키아벨리적'이라는 형용사는 '사악하고 권모술수를 부리는 모사꾼'으로 폄하되고 있는데, 다분히 자기가 부린 속임수에 대한 자업자득인 셈이다.

그러나 마키아벨리가 절대로 속이지 않은 것이 있다. 우리는 마키아벨리가 속이려고 들었던 것들 사이의 부조화 때문에, 고민하면서 진짜 마키아벨리가 속이지 않았던 것을 놓치게 된다. 그것은 인간의 운명에 관한 것이었다. '인간 일반'이란 무엇인가? 인간은 어떻게 사는 것이 가장 이상적인 삶을 사는 것인가?

마키아벨리는 포르투나와 비르투스의 이항대립에서 세상과 그의 시대를 보았고, 그 이중적인 성격의 세상을 살아가야만 하는 인간의 초라한 모습을 보았다. 카스트루초의 마지막 유언은 사실 마키아벨리의 유언이다. 사실을 왜곡하고 역사적 사건의 전개 과정을 뒤섞으면서 독자를 속이고 있는 마키아벨리는 그 속임수야말로 세상의 진짜 현실이라고 말하고 있는 것이다.

심지어 기벨리니당과 구엘프당이라는 '존재의 근거'조차 속임수의 대상일 뿐이라고 비아냥거린다. 비르투스의 영웅 카스트루초는 로마를 평정하고 로마의 원로원으로 임명되기까지 한다.

그런데 변하지 않는 것이 있다. 그것은 인간과 역사의 운명을 결정하는 냉혹한 '포르투나'의 힘이다. 『군주론』에서나 『카스트루초 카스트라카니의 생애』 전반부에서 마키아벨리는 남을 믿거나 타인의 힘에 의존하지 말라고 가르쳤다. 그 점에서 『카스트루초 카스트라카니의 생애』는 『군주론』의 속편이라고 할 수 있고, 실제 사례편이라고 불러도 좋다. 마키아벨리가 제안한 이런 행동을 '비르투스'로 간주할 수 있다.

그러나 이렇게 비르투스를 발휘한다고 해도 인간은 포르투나의 힘에 대항할 수 없는 것을 인정해야 한다. 그래서 『군주론』의 영웅 체사레 보르자도 로마의 흑사병을 감당치 못하고 죽음을 맞이했으며(『군주론』 7장), 카스트루초도 그것이 피사 평원의 삭풍이었든지(『카스트루초 카스트라카니의 생애』에 따르면), 아니면 피스토이아 공성전의 피로 때문이었는지(『피렌체사』에 따르면) 상관없이, 예상하지 못한 최후의 순간을 회피할 수 없었다는 것이다.

마키아벨리는 인간의 한계를 말하고 있다. 그것은 비르투스의 덕목으로도 획득할 수 없는, 포르투나의 힘이고, 그것이 우리 인간의 운명을 지배한다는 것이다. 따라서 최선의 방책은, 예측할 수 없는 운명의 여신의 앞에서, 모든 인간은 겸손해져야 한다. 인간의 한계를 아는 것이야말로 마키아벨리가 어느 책에서도 속이지 않고 솔직히 고백했던 인간에 대한 본질적인 깨달음이었다.

『카스트루초 카스트라카니의 생애』에 기록된 '마키아벨리의 유언'은 이렇게 끝나고 있다.

이러한 세계에서 무엇보다 중요한 것은 자기 자신에 대해 아는 것이다. 뿐만 아니라, 자신의 정신력과 그의 위치에 대한 것도 가늠할 줄 알아야 한다. 그리하여 자신이 전쟁을 치르는 것에 적합하지 않다는 것을 깨달은 사람이라면, 평화의 기술로 통치하고자 노력해야 할 것이다.

네가 나의 노고와 내가 겪은 위험들을 너에게 맞게 활용하고자 힘쓰고, 이것에 목표를 두고 나아간다면 모든 일이 잘 해결될 것이다. 뿐만 아니라, 네가 나의 이 진실한 기억들을 존중하고 받아들인다면, 위에서 언급했던 일들을 쉽게 해낼 수 있을 것이다.

마키아벨리는 자기 시대를 속임수의 시대로 보았다. 지금 우리가 살고 있는 대한민국과 별로 다르지 않다. 마키아벨리의 시대나 우리의 시대가 별로 달라진 것 같지 않다. 권력은 바람처럼 왔다가 가지만 권력의 횡포와 속임수는 여전하기만 하다.

남을 절대로 신뢰하지 않고, 공포심을 조장하면서 비르투스의 삶을 살 것인가? 아니면 '평화의 방법'으로 살아남는 것이 중요할까? 500여 년 전에 우리보다 먼저 속임수의 시대를 살았던 마키아벨리는 이렇게 조언하고 있다.

이러한 세계에서 무엇보다 중요한 것은 자기 자신에 대해 아는 것이다.

카스트루초 카스트라카니의 생애

펴낸날	**초판 1쇄** 2014년 4월 11일

지은이	**니콜로 마키아벨리**
옮긴이	**우현주**
해제	**김상근**
펴낸이	**심만수**
펴낸곳	**(주)살림출판사**
출판등록	**1989년 11월 1일 제9-210호**

주소	**경기도 파주시 광인사길 30**
전화	**031-955-1350** 팩스 **031-624-1356**
기획·편집	**031-955-1396**
홈페이지	**http://www.sallimbooks.com**
이메일	**book@sallimbooks.com**

ISBN	**978-89-522-2873-4 03900**

※ 값은 뒤표지에 있습니다.
※ 잘못 만들어진 책은 구입하신 서점에서 바꾸어 드립니다.

이 도서의 국립중앙도서관 출판시도서목록(CIP)은 서지정보유통지원시스템 홈페이지
(http://seoji.nl.go.kr)와 국가자료공동목록시스템(http://www.nl.go.kr/kolisnet)에서
이용하실 수 있습니다.(CIP제어번호: CIP2014011137)

책임편집 **구민준**